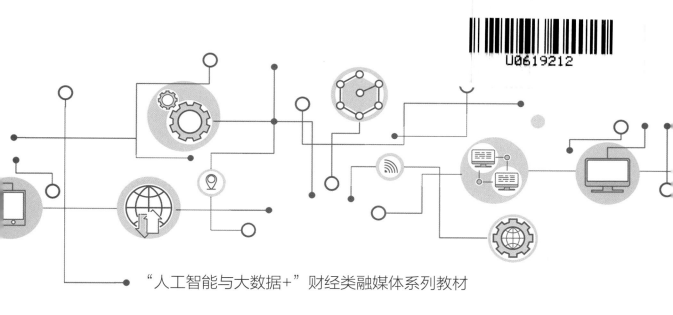

"人工智能与大数据+"财经类融媒体系列教材

FINANCIAL BIG DATA ANALYSIS AND VISUALIZATION

— A PROJECT COURSE BASED ON POWER BI

财务大数据 分析与可视化

——基于Power BI的项目化教程

韩英锋 蔡 璐 郭 兆 ◎主编

申 燕 张 艳 李宗卿 熊威雁 罗 璇 ◎副主编

厦门科云信息科技有限公司 ◎组编

ZHEJIANG UNIVERSITY PRESS
浙江大学出版社
·杭州·

图书在版编目（CIP）数据

财务大数据分析与可视化：基于Power BI的项目化教程 / 韩英锋，蔡璐，郭兆主编. -- 杭州：浙江大学出版社，2024.4（2025.7重印）

ISBN 978-7-308-24801-3

Ⅰ.①财… Ⅱ.①韩…②蔡…③郭… Ⅲ.①会计分析-可视化软件-教材 Ⅳ.①F231.2-39

中国国家版本馆CIP数据核字(2024)第070195号

财务大数据分析与可视化——基于Power BI的项目化教程

CAIWU DASHUJU FENXI YU KESHIHUA——JIYU Power BI DE XIANGMUHUA JIAOCHENG

韩英锋　蔡　璐　郭　兆　主编

策划编辑	李　晨
责任编辑	李　晨
文字编辑	沈巧华
责任校对	汪荣丽
封面设计	春天书装
出版发行	浙江大学出版社
	（杭州市天目山路148号　邮政编码310007）
	（网址：http://www.zjupress.com）
排　　版	杭州林智广告有限公司
印　　刷	杭州宏雅印刷有限公司
开　　本	787mm×1092mm　1/16
印　　张	15
字　　数	320千
版印次	2024年4月第1版　2025年7月第2次印刷
书　　号	ISBN 978-7-308-24801-3
定　　价	55.00元

P R E F A C E

前　言

在数字化浪潮席卷全球的今天，大数据、人工智能、移动互联网、云计算、物联网和区块链等新兴技术正以前所未有的速度重塑商业世界。我们正迈向一个"万物互联、无处不在、虚实结合、智能计算、开放共享"的智能时代。在这个变革的时代，数据已成为企业最具战略价值的核心资产，而财务数据作为企业经营状况的"晴雨表"，其分析与应用能力直接关系到企业的决策质量和市场竞争力。

1. 数字化转型：财务领域的时代命题

2020年，《中共中央、国务院关于构建更加完善的要素市场化配置体制机制的意见》首次将数据列为新型生产要素，标志着数据要素市场化配置时代的到来。2022年，党的二十大报告进一步提出加快建设数字中国的战略目标，为财务数字化转型指明了方向。在这一背景下，以大数据、人工智能、云计算、区块链等为代表的新技术正在驱动财会产业链的全面升级，也对财务人员提出了全新的能力要求。

国际权威机构的调研数据印证了这一趋势：德勤华永会计师事务所的研究报告指出，云计算、RPA（机器人流程自动化）、可视化分析等七项技术构成了新一代财务工具集；高德纳咨询公司的调查显示，数据分析已成为财务主管的首要任务。面对这一变革，财务人员亟需掌握新技术方法，深入挖掘数据价值，提升数据洞察能力，这不仅是企业数字化转型的必由之路，更是财务人员职业发展的关键转折点。

2. PowerBI：财务数据分析的利器

在众多数据分析工具中，PowerBI以其强大的数据可视化能力、友好的用户体验和与微软生态系统的无缝集成，成为财务数据分析的理想选择。它能够将各种数据源与数据分析有效结合，帮助财务人员从海量数据中发现价值，为决策提供有力支持。

3. 本书特色与架构

本书以"财务场景驱动，能力递进培养"为核心理念，采用"基础—应用—进阶"的三阶式架构，通过10个精心设计的教学项目，系统讲解PowerBI在财务领域的应用。

基础篇（项目一至项目四）聚焦数据基础能力培养，涵盖Power BI认知、数据获取、数据整理和数据建模等核心技能，为后续应用奠定坚实基础。

应用篇（项目五至项目九）深入财务专业场景，讲解数据处理、图表设计、数据交互和在线服务等实用技能，帮助读者将技术应用于实际工作。

进阶篇（项目十）通过综合实战项目，完整呈现财务数据分析全流程，培养读者解决复杂问题的能力。

本书的突出特色体现在：

专业适配：突破传统计算机课程框架，专为财会专业设计，案例均来自真实财务场景实验创新。采用开放式实验模式，鼓励多路径探索，培养创新思维。

模块设计：项目独立又互相关联，支持分层教学和灵活选用育人导向：注重知识、能力、素养的有机统一，实现德技并修。

资源丰富：配套"科云数智财务云平台"、在线编译环境、教学视频等数字化资源。

4.致谢与展望

本书由韩英锋、蔡璐、郭兆担任主编。在编写过程中，得到了浙江大学出版社、厦门科云信息科技有限公司的大力支持，并借鉴了Power BI星球、Power BI极客等优质培训课程的经验，在此深表谢意。

数字化转型是一场没有终点的马拉松。希望本书能成为读者财务数据分析之旅的得力助手，帮助大家在数字经济的浪潮中把握先机，成就职业发展的新高度。由于编者水平有限，书中难免存在不足之处，恳请广大读者不吝指正。

编者
2024 年 1 月

课程标准

教案

CONTENTS

目　录

进阶篇

基础篇

项目一 初识 Power BI

◎ 学习目标

知识目标

1. 了解 Power BI 的工作流程：数据采集、数据清洗、数据整理、数据展示。
2. 了解 Power BI 的主要组件：Power BI Desktop、Power Query、Power Pivot。
3. 掌握 Power BI Desktop 可视化图表的展示。
4. 掌握 Power BI 软件获取方法、文件类型。

技能目标

1. 会安装 Power BI，并进行文件的保存与读取。
2. 根据给定的数据源，完成数据的读取与视觉对象的选择。
3. 会对简单的内置图表的参数进行设置，并根据生成的结果解读数据。

素养目标

1. 了解数据分析师岗位职责，确立不断学习新技术、勤练技能的信心。
2. 养成良好的学习习惯，树立在科云实训系统中按时完成全部任务的目标。
3. 形成工匠精神、自主学习意识，具备良好的网络信息查询能力。

项目一课件　　　　项目一资源

基
础
篇

📍 项目导图

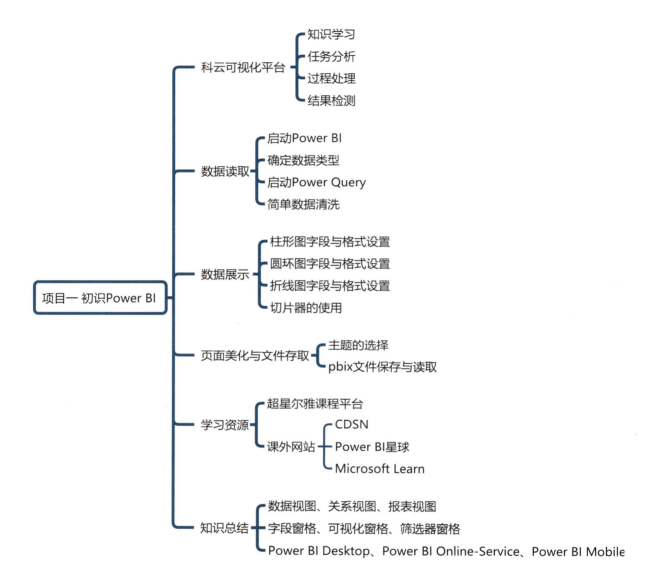

项目一 初识Power BI

- 科云可视化平台
  - 知识学习
  - 任务分析
  - 过程处理
  - 结果检测
- 数据读取
  - 启动Power BI
  - 确定数据类型
  - 启动Power Query
  - 简单数据清洗
- 数据展示
  - 柱形图字段与格式设置
  - 圆环图字段与格式设置
  - 折线图字段与格式设置
  - 切片器的使用
- 页面美化与文件存取
  - 主题的选择
  - pbix文件保存与读取
- 学习资源
  - 超星尔雅课程平台
  - 课外网站
    - CDSN
    - Power BI星球
    - Microsoft Learn
- 知识总结
  - 数据视图、关系视图、报表视图
  - 字段窗格、可视化窗格、筛选器窗格
  - Power BI Desktop、Power BI Online-Service、Power BI Mobile

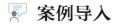 **案例导入**

Orange公司是在跨境电商行业中一家从事服装贸易的企业，其产品销往多个国家，公司拥有5个销售部门。现统计了各部门的销售利润情况，其数据源储存在Excel表格中。

要求：通过Power BI制作一份多维度盈利分析数据报表，展示不同产品、地区、日期的销售利润情况，以供决策者进行参考。

效果图：

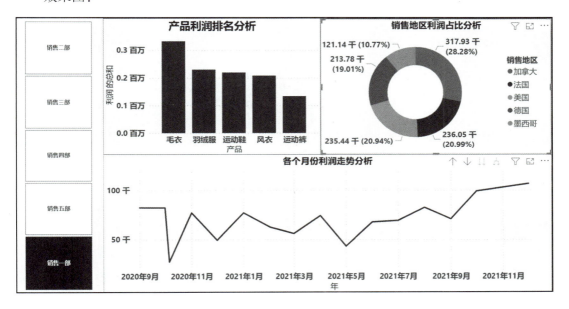

任务实施

任务一　财务大数据Power BI可视化平台登录

登录科云数智财务云平台，平台为学习者提供数字化资源、最终成果以及Power BI相关知识点的讲解。

操作步骤

> **步骤1：科云Power BI平台登录**

复制平台网址到浏览器地址栏中，单击回车，打开科云数智财务云平台首页，输入账号和密码，进入课程系统，如图1-1所示。

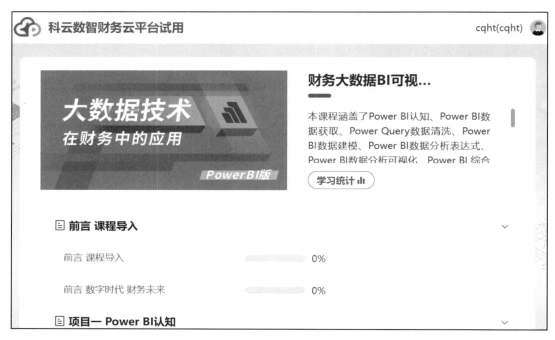

图 1-1 科云数智财务云平台主界面

> **步骤 2：打开课程章节**

单击项目下的任务清单，进入相应环节的课程学习，每个任务都有操作讲解视频，学习者可以根据需要播放视频进行学习；每个项目都有相关的练习与考试系统，借助 Power BI学习者可进行理论、技能的强化学习；实操资源有源数据，学习者可下载练习。平台部分内容如图 1-2 所示。

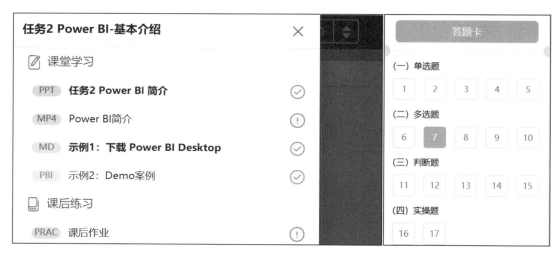

图 1-2 科云数智财务云平台部分内容

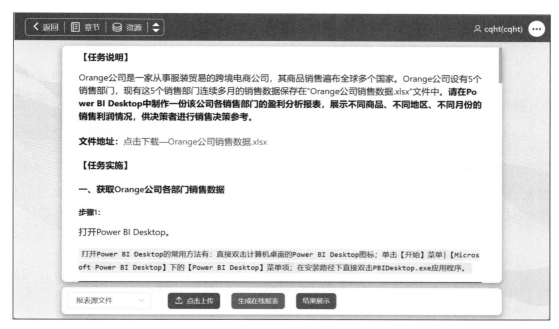

图 1-2　科云数智财务云平台部分内容（续）

> **步骤 3：浏览科云大数据中心**

大数据技术的核心是处理大规模的数据集。学习者只有掌握有效的数据分析和处理技巧，才能高效地分析和处理海量数据。由于大数据涉及大量的敏感信息，提供信息的网站会不定期更新数据，也会设置反爬机制，给学习者浏览和采集数据设置障碍。科云数智财务云平台依托财经网站开发了独立的大数据中心，如图 1-3 所示，与平台相关的数据采集方法在一定时间里能保持稳定，为学习者提供便利。

图 1-3　科云大数据中心行业板块界面

任务二　数据读取

沿用案例导入 Orange 公司资料，使用 Power BI 读取 Orange 公司销售数据。

🔍 **操作步骤**

▷ **步骤 1：Web 数据源读取**

打开 Power BI，单击"获取数据"下拉三角，选择"Web"。将案例导入中的 URL 复制到对话框中，单击"确认"，待数据加载完成后系统弹出导航器。在导航器中勾选"Sheet1"，单击"加载"，将数据加载至模型中，如图 1-4 所示。

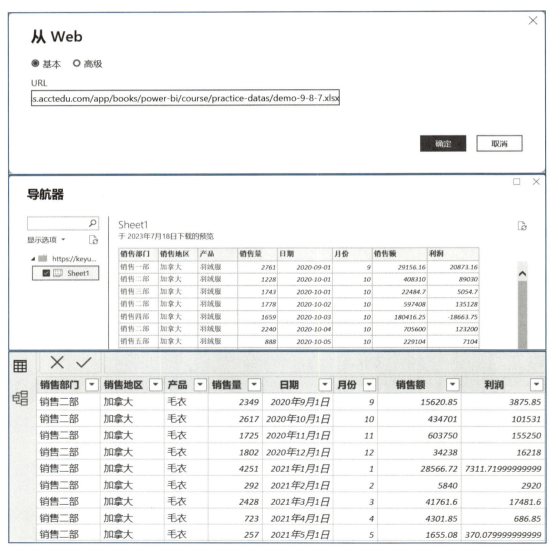

图 1-4　Power BI 中 Web 数据获取

> ⊙ **步骤 2：其他读入方法**

因数据存储在 Excel 文件中，故可以采用 Excel 数据源读入的方法，但前提是将表单下载到本地，将地址复制到浏览器的地址栏中，单击回车键后系统出现下载表单的对话框，单击"下载"，如图 1-5 所示。

到对应的文件夹中找到该文件，并进行数据读取，详细步骤参看项目二中任务一。

图 1-5　科云数智财务云平台源数据保存

任务三　数据展示

根据任务二中读取的资料使用 Power BI 展示 Orange 公司不同产品、销售地区、日期、部门的销售利润情况，以供决策者参考。

🔍 **操作步骤**

> ⊙ **步骤 1：生成不同产品维度下的利润排名**

在可视化视觉对象中选择"簇状柱形图"，并将"产品"字段拖至"X轴"中，将"利润"拖至"Y轴"中。

在可视化视觉对象中选择"环形图"，并将"销售地区"字段拖到"图例"中，将"利润"拖至"值"中。

> ⊙ **步骤 2：格式设置**

分别选择"簇状柱形图""环形图"，为视觉对象添加详细信息标签"数据值，总百分比"，分别为两图设置标题为"产品利润排名分析""销售地区利润占比分析"，效果如图 1-6 所示。

标题字体大小设置为"17"，加粗并居中；添加环形图边框等。

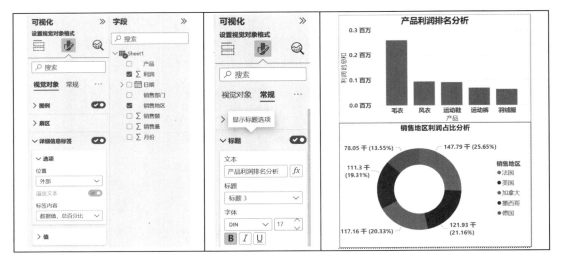

图 1-6　Power BI 格式设置与数据展示

> **步骤 3：分析日期维度下的利润走势**

在可视化区域中选择"折线图"，将"日期"拖到"X轴"中，将"利润"拖到"Y轴"中；单击折线图"下钻"功能，将日期下钻至月，调整所生成的图的位置，完成可视化对象布局设置，如图 1-7 所示。

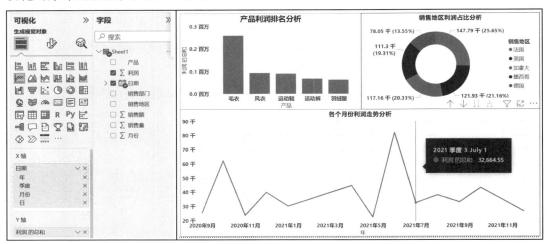

图 1-7　Power BI 折线图设置与页面布局

> **步骤 4：分析部门维度下的利润**

在可视化视觉对象中选择"切片器"，将"销售部门"字段拖至切片器中，将切片器格式设置为"磁贴"，如图 1-8 所示。

图 1-8 Power BI 切片器设置

添加切片器边框，并将其调整至合适的位置。单击切片器可查看不同部门的情况。

任务四　页面美化与文件存取

对项目处理结果添加主题色彩，进行简化美化，并保存数据。

🔍 操作步骤

⊙ **步骤 1：页面主题的选择**

单击"视图"，选择"潮汐"主题；调整可视化视觉对象的布局和位置。报表应整齐美观，如图 1-9 所示。

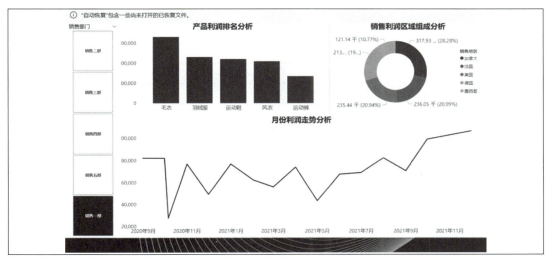

图 1-9 "潮汐"主题的数据效果

⊘ **步骤 2：文件的保存与调用**

（1）单击文件，在展开的文件处理菜单中，单击"另存为"，输入需保存的文件的名字，单击"保存"，如图 1-10 所示。

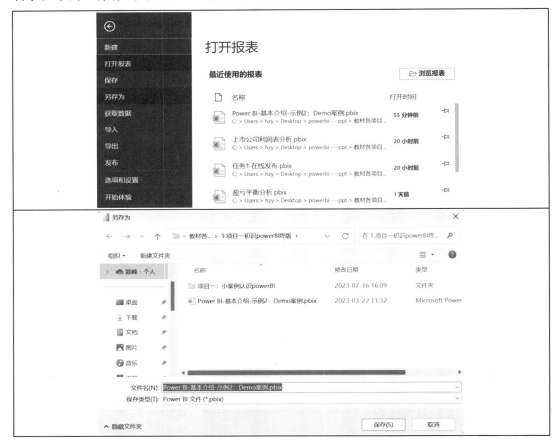

图 1-10　pbix 文件的保存

（2）关闭并重新启动 Power BI。单击"打开报表"，浏览报表，选择前一步中保存的文件名，即可调用已处理的数据文件，如图 1-11 所示。

图 1-11　pbix 文件的调用

图 1-11 pbix 文件的调用（续）

项目一视频

📋 知识总结

一、Power BI的功能

通过学习上面的案例，基本上可以知道 Power BI 的基本框架与功能设置。对文件的保存、打开等基本操作可通过后期的学习逐步明确并加深认识。下面仅介绍 Power BI 区别于其他软件的地方。

（一）三个视图

Power BI Desktop（桌面版）有 3 种视图界面：数据视图、关系视图、报表视图。

1. 数据视图

在本视图中可以完成数据查阅、新建或者删除行、新建表、新建度量值等部分数据处理工作。但在本视图中不能对具体的某个数据进行修改，如果要修改则需要在主页下单击"转换数据"，进入 Power Query 进行批量数据处理。

2. 关系视图

当 Power BI 处理的数据很多，出现多个数据表时，需要对数据进行关系确认。建立正确的数据关系是数据展示的重要工作。本视图通过表中的相关字段建立联系。关系正确，数据处理的结果才能正确。

3. 报表视图

在正确导入数据并建立数据关系后，利用本视图可根据不同的分析目的进行不同的数据展示，选择不同的视觉效果，根据视觉效果的要求设置字段，达成数据的展示目标。

（二）三个窗格

1.字段窗格

在该窗格中，可以查看可用于展示的数据标签，如图 1-12 所示。

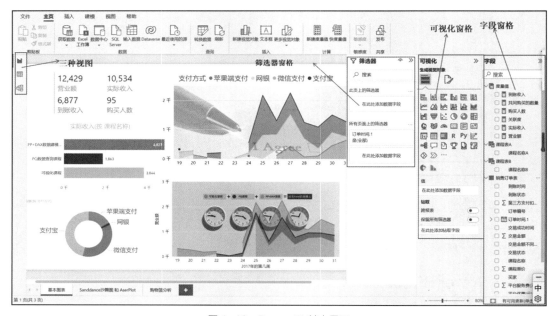

图 1-12 Power BI 基本界面

2.可视化窗格

该窗格列出了部分内置的视觉对象。通过单击视觉效果最后的"…"，可以导入部分自定义视觉效果，这些自定义视觉效果让 Power BI 的数据展示变得更加精彩。

3.筛选器窗格

当自动展示的数据非常多，不便查看时，用户可通过筛选器窗格设置筛选条件，展示需要的数据，使展示的数据不至于太拥挤。

二、Power BI 的主要架构

Power BI 不仅仅是计算机中安装的一个软件，更是一系列的软件服务与应用，主要由 Power BI Desktop、Power BI Online-Service（在线服务）以及在移动端上可用的 Power BI Mobile（移动版）组成。

Power BI Desktop 是安装在 PC 端上的桌面应用程序，可在 PC 端进行数据获取、数据整理、数据建模、数据可视化等一系列数据分析工作。

Power BI Online-Service 是一种在线云服务平台，不受时间、地点限制，可以在线进行数据分析工作，同时亦可将桌面端的可视化分析报表发布到在线服务平台上，共享给组织内外的相关人员。

Power BI Mobile 是可以在 iOS 系统和 Android 系统的移动设备上使用的 App 软件，一般供相关人员在 App 中查看可视化报表数据。

Power BI三种应用模式的一般流程（见图1-13）是：①将数据导入Power BI Desktop，并创建报表；②发布到Power BI Online-Service上，可在该服务平台上创建新的可视化效果或构建仪表板，与他人（尤其是差旅人员）共享仪表板；③在Power BI Mobile应用中查看共享仪表板和报表。

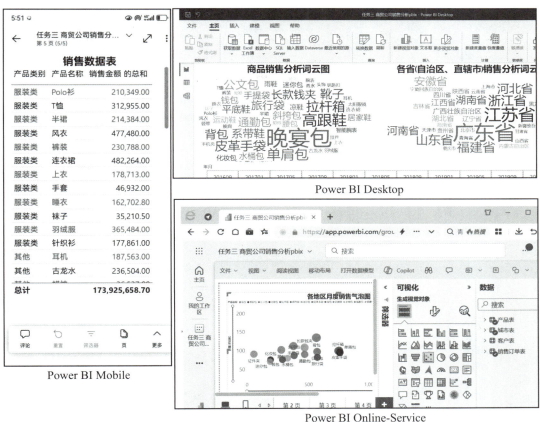

Power BI Mobile

Power BI Desktop

Power BI Online-Service

图 1-13　Power BI Desktop、Power BI Online-Service、Power BI Mobile 三种模式

🏆 技能强化

一、单选题

1.在Power BI授权方式中，下列可以免费安装在PC端的桌面应用程序，并进行数据获取、数据整理、数据建模、数据可视化等一系列操作的是（　　　）。

A.Power BI Desktop　　　　　　　B.Power BI Online-Service

C.Power BI Mobile　　　　　　　　D.Power BI PC

2.对于个人初学用户，推荐使用Power BI的哪一种授权版本？（　　　）

A.专业版（Power BI Pro）　　　　B.超强版（Power Bl Great）

C.免费版（Power Bl Desktop）　　D.增值版（Power BI Premium）

3.在 Power BI 的应用步骤中，第一步需要（　　　　）。

A.数据准备　　　　B.数据处理　　　　C.数据建模　　　　D.数据可视化

4.Power BI 的定位是（　　　　）。

A.编程语言　　　　B.商务智能　　　　C.财务智能　　　　D.数据库

5.用于设置与当前报表关联数据的表、字段和度量值的是哪一个区域？（　　　　）

A.筛选器区　　　　B.可视化区　　　　C.字段　　　　　　D.页面选项区

二、多选题

1.下列哪些是 Power BI 的应用程序？（　　　　）

A.Power BI Desktop　　　　　　B.Power BI Online-Service

C.Power BI Mobile　　　　　　D.PowerPoint

2.下列哪些是 Power BI Desktop 的界面区域？（　　　　）

A.功能区　　　　B.可视化　　　　C.字段区　　　　D.视图

3.下列哪些是 Power BI Desktop 视图区中提供的视图？（　　　　）

A.报表视图　　　　B.工作视图　　　　C.数据视图　　　　D.模型视图

4.下列是 Power BI 的应用步骤的是（　　　　）。

A.数据准备　　　　B.数据处理　　　　C.数据建模　　　　D.数据可视化

项目一技能强化

◎ 学习目标

知识目标

1. 了解 Power BI 数据源的类型与数据获取方法。

2. 知道从数据获取到数据展示需要进行的工作。

3. 掌握基本视觉对象——柱形图、折线图等的参数设置。

4. 掌握多数据源数据的合并与追加。

技能目标

1. 能根据不同的数据源选择数据读取方法并完成数据展示。

2. 熟练使用 Power BI 数据采集的功能，能根据网页地址完成参数设置并采集数据。

3. 能完成文件夹数据的自动汇总与网页数据的采集与整理。

4. 能配置 Python、SQL（structured query language，结构化查询语言）等数据源，完成数据读取与数据展示。

素养目标

1. 理解大数据含义，具有将网页数据、数据库数据转换成 Power BI 数据源的能力。

2. 认真学习爬虫技术，积极参与数据的收集工作。

3. 具有严谨客观的学习态度，培养团结协作的意识和吃苦耐劳的精神。

4. 遵守相关法规，具备数据伦理意识。

项目二课件　　　　项目二资源

项目导图

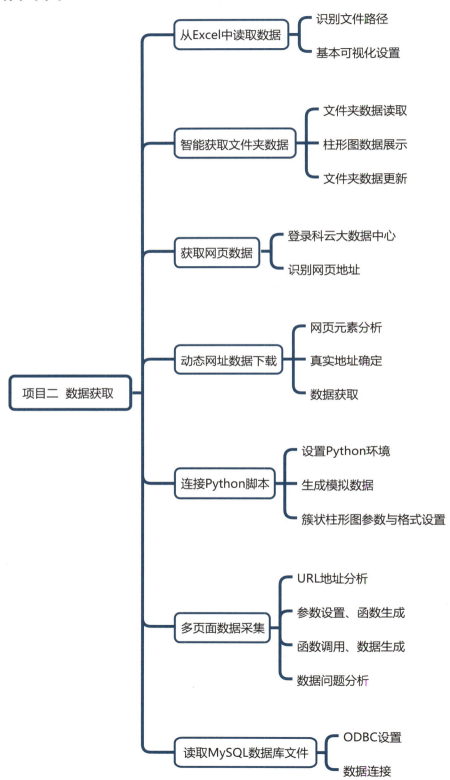

项目二　数据获取

- 从Excel中读取数据
  - 识别文件路径
  - 基本可视化设置
- 智能获取文件夹数据
  - 文件夹数据读取
  - 柱形图数据展示
  - 文件夹数据更新
- 获取网页数据
  - 登录科云大数据中心
  - 识别网页地址
- 动态网址数据下载
  - 网页元素分析
  - 真实地址确定
  - 数据获取
- 连接Python脚本
  - 设置Python环境
  - 生成模拟数据
  - 簇状柱形图参数与格式设置
- 多页面数据采集
  - URL地址分析
  - 参数设置、函数生成
  - 函数调用、数据生成
  - 数据问题分析
- 读取MySQL数据库文件
  - ODBC设置
  - 数据连接

案例导入

利用Power BI批量获取科云大数据中心农林牧渔行业上市公司的资产负债表数据，并利用"簇状柱形图"按公司资产规模对公司进行排名。

问题：获取企业数据对本公司的分析有什么帮助？比较公司资产规模的目的是什么？多页面数据采集的步骤应该包括哪些？

效果图（前十排名）：

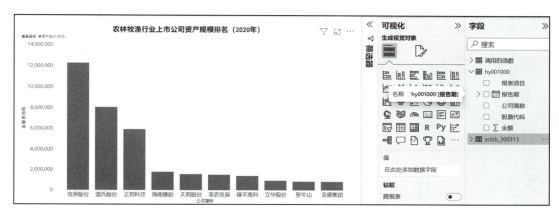

任务实施

任务一　从Excel中读取数据

利用Power BI获取张北风力装备有限公司某工程处设备数据，并用"簇状柱形图"展示不同类别、名称的设备的数量情况。

在浏览器中录入数据地址，弹出下载页面，单击"下载"，把文件保存到相应的文件夹，这里选择桌面，如图2-1所示。

图 2-1　文件下载

🔍 操作步骤

⊙ 步骤 1：获取数据

打开 Power BI，单击"从 Excel 导入数据"或单击"Excel 工作簿"，选择"本地文件"，单击"加载"，如图 2-2 所示。

图 2-2　本地数据读取与导航器显示

⊙ 步骤 2：生成设备数量柱状图

单击可视化视觉对象的"簇状柱形图"，将"设备类型""设备名称"字段拖至"X轴"，将"数量"字段拖至"Y轴"；标题文本设置为"设备数量排名"，大小设置为"18"，加粗并居中。步骤与效果如图 2-3 所示。

根据效果图，读者可自主打开数据标签，完成添加数据边框等格式调整。

图 2-3　柱形图效果

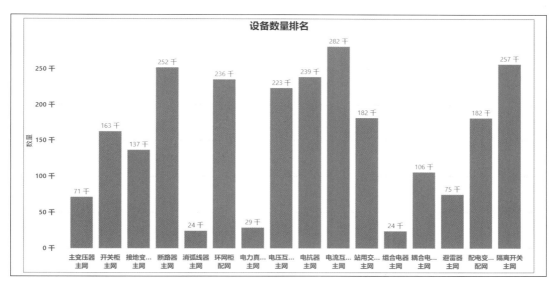

图 2-3　柱形图效果（续）

> **步骤 3：按设备数量进行排序**

　　单击可视化结果左上角的"…"，在展开的菜单中选择"排列轴"，进一步选择"数量的总和"，降序排序后得到效果图。因为设备较多，图中柱形较多，所以会显得很拥挤，此时可以在筛选窗格中设置筛选条件，比如设置筛选条件为设备数量大于 137000，如图 2-4 所示。

视频 2-1

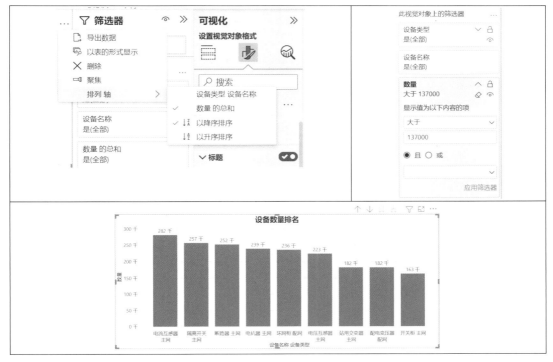

图 2-4　按设备数量排序

任务二   智能获取文件夹数据

启睿教学设备公司 2021 年 1—12 月份的材料领用表存放在文件夹中，请将文件夹数据下载至桌面，并使用 Power BI 获取数据，要求使用"簇状柱形图"展示材料的领用金额排名情况。

操作步骤

⟩ 步骤 1：下载资料

将地址复制到浏览器中，在弹出的下载对话框中单击"下载"，并解压数据，本处将 10 月、11 月、12 月的表单先移出文件夹，如图 2-5 所示。

图 2-5   文件夹数据下载与部分数据移出

⟩ 步骤 2：获取数据

将文件夹下载至桌面进行解压，打开 Power BI，单击"获取数据"中的"文件夹"，选择文件夹路径，选择第一个示例数据，单击"确定"，将数据加载至模型中，如图 2-6 所示。

图 2-6   文件夹数据获取

图 2-6　文件夹数据获取（续）

⊙ 步骤 3：按材料的领用金额进行排名

在数据视图中检查数据，进入报表视图，单击"可视化"窗格中的视觉对象的"簇状柱形图"，将"材料名称"字段拖至"X轴"，将"金额"字段拖至"Y轴"，调整图形的位置和大小，如图 2-7 所示。

读者可自行设置标题为"材料领用金额排名分析"，文本大小设置为"18"，加粗并居中，添加数据标签。

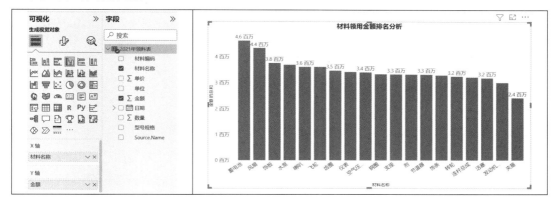

图 2-7　材料领用金额排名柱形图

⊙ 步骤 4：更新数据

将 10—12 月份的材料领用单复制粘贴到文件夹，单击主页菜单下的"刷新"按钮，数据自动更新，如图 2-8 所示。

视频 2-2

图 2-8　数据更新

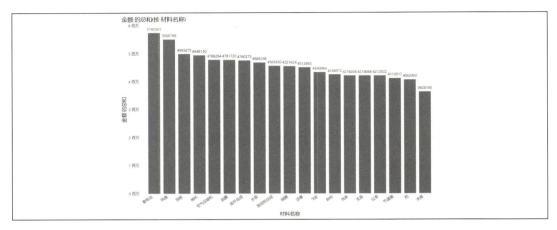

图 2-8　数据更新（续）

任务三　获取网页数据

利用 Power BI 获取大数据中心"平安银行"（股票代码：000001）的股价信息表，并通过"折线图"分析其 1995—2020 年每天的总市值走势（提示：将数据下钻至日）。

操作步骤

步骤 1：复制网址

单击科云大数据中心，找到平安银行的股票信息表所在网址并复制；打开 Power BI，从"获取数据"中选择"Web"，将网址复制到 URL 对话框中，单击"确定"，查看读入的数据，如图 2-9 所示。

图 2-9　从网页中获取 CSV 数据

⊙ 步骤 2: 生成平安银行总市值走势图

在数据视图页，选择"名称"列，单击下拉三角，在弹出的菜单中勾选"平安银行"；在可视化区域中选择"折线图"，将"日期"字段拖至"X轴"，将"总市值"字段拖至"Y轴"。单击折线图右上角的" ⌄ "，可展开日期层次结构的下一级别，如图2-10 所示。

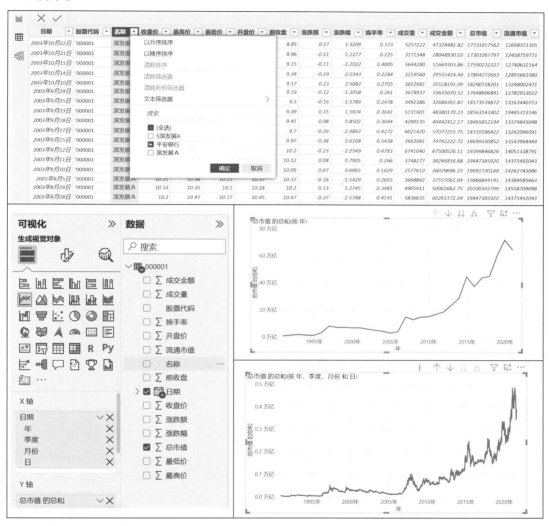

图 2-10　折线图设置与数据钻取

⊙ 步骤 3: 格式设置

将"X轴""Y轴"值的大小设置为"12"；打开"标记"，选择"×"标记点；打开数据标签；设置标题文本为"平安银行总市值分析"，大小为"21"，加粗并居中。添加可视化视觉对象边框等。最终效果如图2-11所示。

视频 2-3

基
础
篇

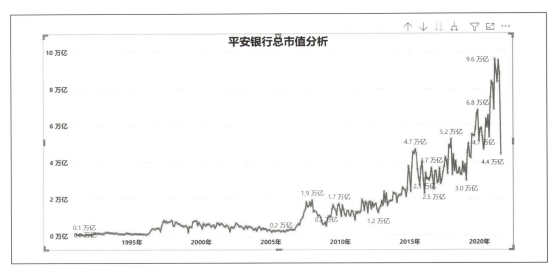

图 2-11　折线图效果

任务四　动态网址数据下载

操作步骤

> **步骤 1：打开科云大数据中心**

进入科云实训平台，输入资源地址，打开的是默认的深圳长城开发科技股份有限公司的页面。单击"现金流量表"，可查阅现金流量表数据，如图 2-12 所示。

切换至其他报表，可以发现地址没有变化，且使用任务一中的方法采集数据，得到的也不是现金流量表或者其他报表数据，而是公司简介，其原因在于采用了动态网址设置。这里需要找到真实的地址。

图 2-12　查阅数据

> **步骤 2：确定真实地址**

选择利润表，在页面内，单击右键，在弹出的菜单中，单击"审查元素"，按照网页信息要求，按"Ctrl+R"键，对网页进行刷新，使网页捕捉到刷新的页面地址信息。选择利润表，得到利润表的地址，如图 2-13 所示。

图 2-13　动态网址下的 URL 查询

⊘ **步骤 3：采集数据**

选择从网页中获取数据，将真实地址录入 URL 框中，得到数据，如图 2-14 所示。

限于篇幅，本处不再对数据进行可视化处理。

视频 2-4

图 2-14　动态网址下的数据的采集

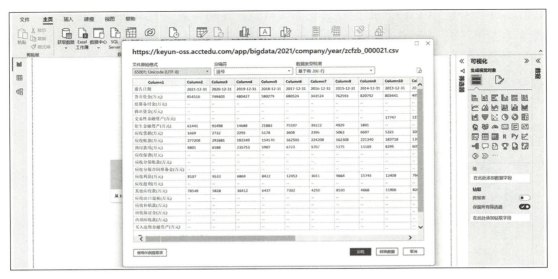

图 2-14　动态网址下的数据的采集（续）

任务五　连接 Python 脚本

Power BI 可以使用 Python 脚本直接生成的数据源。比如通过 Python 中的 random 库可随机生成订单号、产品类别、地区、销售渠道、含税单价、含税金额等信息，利用 Power BI 可获取其中的数据，可使用"矩阵"分析随机生成的不同产品类别所对应的销售渠道和地区金额（含税）分布情况。

操作步骤

步骤 1：设置 Python 环境

进入 Power BI，单击文件菜单，找到"选项与设置"。在弹出的对话框中单击"Python 脚本编写"，设置 Python 主目录，找到本机中的 Python 安装地址，将地址粘贴到主目录中。返回主界面，单击数据源，搜索"Python"，单击"Python 脚本"，在脚本中录入模拟数据代码，代码见资料包。运行后在弹出的导航器中产生 dataframe 数据，单击"确定"，载入数据，如图 2-15 所示。

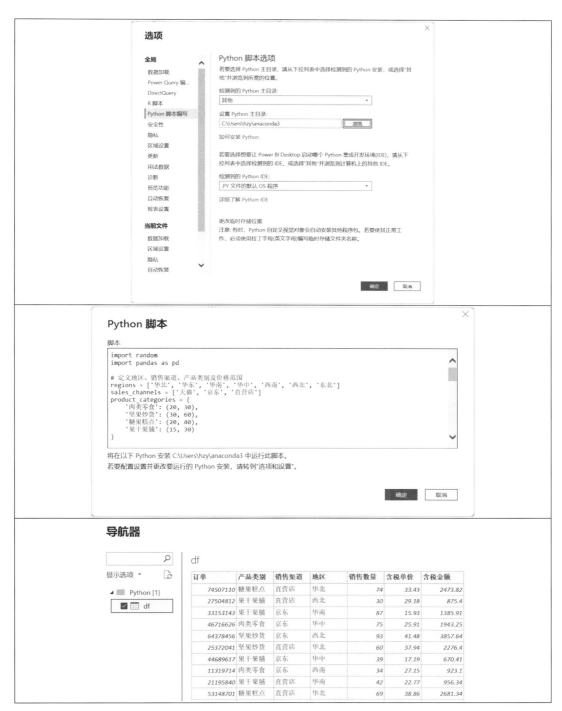

图 2-15　Python 连接与随机数据生成

⊙ 步骤 2：分析数据

查看生成的数据所包括的字段。Python代码随机生成了订单号、产品类别、地区、销售渠道、销售数量、含税单价、含税金额等信息，如图 2-16 所示。记录了 15000 条，可根据分析的目的确定数据展示的方式。

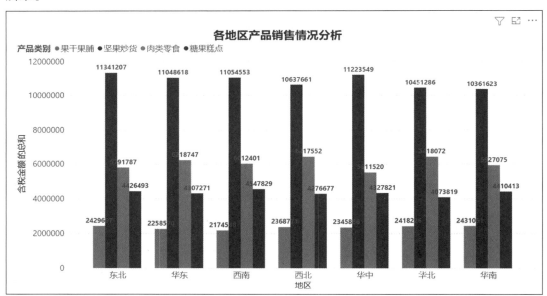

图 2-16　随机数据读取

> **步骤 3：簇状柱形图展示数据**

这里选择簇状柱形图展示数据，将"地区"拖动到"X 轴"，将"含税金额"拖动到"Y 轴"，将"产品类别"拖动到"图例"中。进行图表美化，设置图表标题、X 轴标题、Y 轴标题、数据标签、类别标签等，具体参数设置本处不再赘述。效果如图 2-17所示。

图 2-17　簇状柱形图效果

视频 2-5

任务六　多页面数据采集

沿用案例导入中的资源地址，进行上市公司资产规模数据获取、多页面数据采集。

🔍 操作步骤

⊙ 步骤1：获取*ST天山资产负债表数据

复制*ST天山资产负债表URL，打开Power BI，单击"转换数据"，进入Power Query界面，单击"新建源"，选择"Web"，获取网页数据，如图2-18所示。也可以通过将URL粘贴到浏览器地址栏中下载表单的方法获取数据，但是这种处理方法无法采集多公司报表，这里直接从网页中读取。从下载的数据中可以看出，需要作进一步处理。

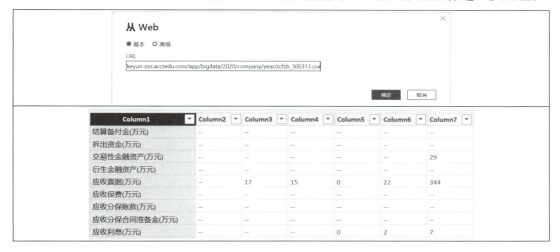

图2-18　目标企业资产负债表数据获取

⊙ 步骤2：新建参数

单击"管理参数"中的"新建参数"，参数名称设置为"股票代码"，类型选择"文本"，"当前值"框中填写"300313"，如图2-19所示。单击"确定"，可以看到新生成的股票代码参数。

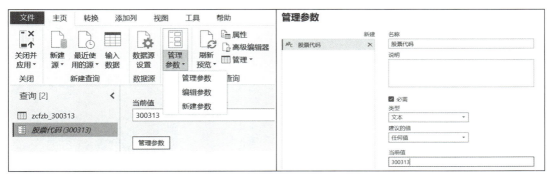

图2-19　多公司数据采集参数设置

> 步骤 3：修改 zcfzb_300313 地址

选择"zcfzb_300313"表，单击查询设置中的"源"，如图 2-20 所示，在弹出的对话框中勾选"高级"。在"URL 部分"中将地址"https://keyun-oss.acctedu.com/app/bigdata/2020/company/year/zcfzb_300313.csv"分为三部分，分别是"https://keyun-oss.acctedu.com/app/bigdata/2020/company/year/zcfzb_""300313"".csv"。将"300313"部分设置为股票代码参数，如图 2-20 所示，单击"确定"。

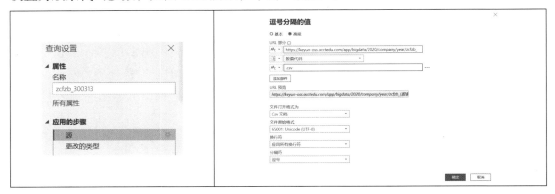

图 2-20　Web 高级地址设置

> 步骤 4：创建与测试函数

选择"zcfzb_300313"表格，右击，在弹出的菜单中选择"创建函数"；输入函数名称"获取资产负债表"，单击"确定"。此时查询框发生变化，出现"fx 获取资产负债表"选项，选中该选项，在"输入参数"的"股票代码"框中输入"601898"，单击"调用"；如果能正常采集数据，则表示函数设置正确，如图 2-21 所示。

图 2-21　多公司数据采集中函数的创建与测试

图 2-21　多公司数据采集中函数的创建与测试（续）

⊙ 步骤 5：获取行业列表数据

复制行业列表数据 URL，单击"新建源"，选择"Web"，获取网页数据；将第一列修改为"文本"数据类型，保留第一列和第二列，删除其他列，如图 2-22 所示。

图 2-22　上市公司股票代码获取

⊙ 步骤 6：调用自定义函数

选择"hy001000"表单，选中"股票代码"列，单击"添加列"中的"调用自定义函数"；选择相应的"获取资产负债表"（函数名称），默认选择股票代码所在的列，单击"确定"；在弹出的对话框中勾选"忽略此文件的隐私级别检查……"，单击"保存"，得到数据表；单击"⊞"，可展开所采集到的不同公司的资产负债表数据，如图 2-23所示。

图 2-23 多公司资产负债表数据获取

> ⊙ **步骤 7：清洗数据**

单击"将第一行用作标题"，将第一列数据类型设置为"文本"，删除最后一列。将第 1~2 列标签修改为"股票代码""公司简称"，进行逆透视操作，将逆透视后的最后两列标签设置为"报告期""金额"；选择"报告期"列，删除空数据，将"金额"列的"--"替换为"0"；将"报告期"列数据类型设置为"日期"，"金额"列数据类型设置为"小数"，还可自行调整其他的一些格式设置，最后关闭并应用，如图 2-24 所示。

图 2-24 多公司资产负债表数据清洗

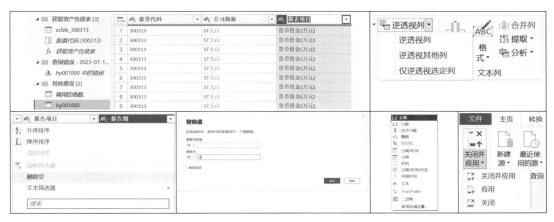

图 2-24　多公司资产负债表数据清洗（续）

> **步骤 8：对公司资产规模进行排名（2020 年）**

单击可视化视觉区域中的"簇状柱形图"，将"公司简称"拖至"X 轴"，将"金额"拖至"Y 轴"，将"报表项目"拖动到"图例"，生成基本图形。将"报表项目"拖动到筛选器中，选择"资产总计（万元）"；将"报告期"字段拖至筛选器中，筛选出日期"2020-12-31"；将"公司简称"拖至筛选器中，按金额合计，筛选出排名前十的公司；将标题设置为"农林牧渔行业上市公司资产规模排名（2020 年）"，将标题字体大小设置为"20"，加粗并居中。步骤和效果如图 2-25 所示。

视频 2-6

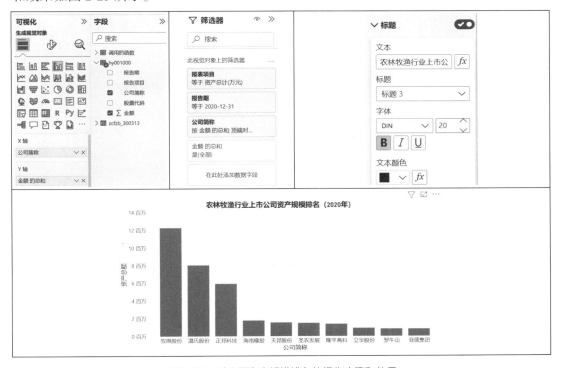

图 2-25　对公司资产规模排名的操作步骤和效果

任务七　读取 MySQL 数据库文件

Power BI 可以直接从数据库中获取数据，可以直接获取 SQL 数据库数据，而对于 MySQL 数据库文件，Power BI 目前尚不支持。目前的解决方法是利用 ODBC（open data base connectivity，开放式数据库互连）数据源，完成数据获取。这里以获取 MySQL 数据库中的固定资产清单为例介绍 ODBC 数据源的使用方法。

操作步骤

步骤 1：读取 MySQL 数据库文件

下载 mysql-connector-net-8.1.0.msi，根据计算机的配置、MySQL 的版本选择不同的连接器版本，并安装。安装完毕后，打开 MySQL 查看数据库链接配置信息，在 "Windows 工具" 中，找到 ODBC 并打开，按照提示进行链接配置，如图 2-26 所示。

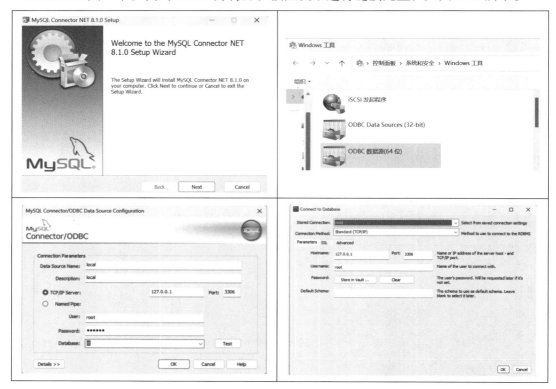

图 2-26　Power BI 与 MySQL 数据连接器的安装

步骤 2：将数据文件导入 MySQL 中

运行 MySQL 8.0 Command Line Client，将准备好的 "固定资产 2.sql" 文件导入 MySQL 中，运行 MySQL Workbench，在 Windows 窗口下完成数据查询，如图 2-27 所示。

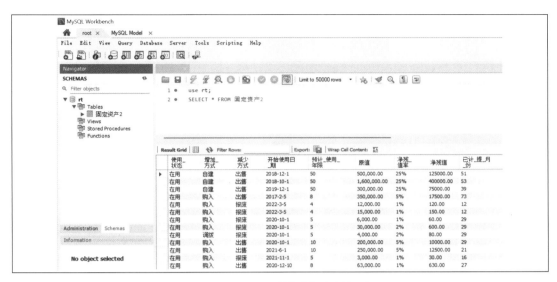

图 2-27　MySQL 外部数据库文件导入

> 步骤 3：导入 MySQL 数据

单击 Power BI 数据源，选择 ODBC，在弹出的菜单中选择"local"，出现导航器，勾选所需要的表文件，导入数据，如图 2-28 所示。限于篇幅，这里不作可视化处理。

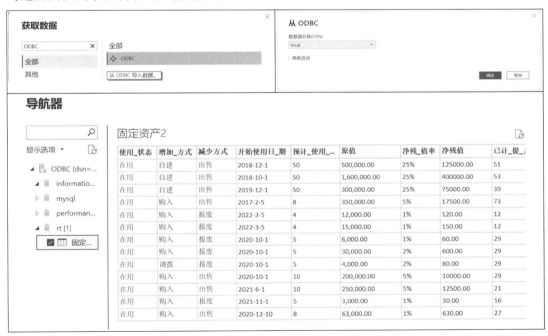

图 2-28　导入 MySQL 数据

> 步骤 4：数据输出

数据库文件导出，可以直接在 MySQL 中完成，如图 2-29 所示。

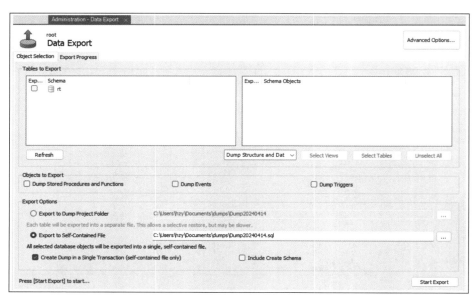

视频 2-7

图 2-29　MySQL 文件导出

📋 知识总结

一、Power BI数据源

Power BI可以连接不同的数据源，如文件、文件夹、数据库、Web、Phython脚本、Hadoop文件系统、Azure等，掌握不同的数据源数据获取方法是进行大数据处理的第一步。

（一）文件与文件夹

Power BI可以获取的文件类型很多，包括Excel、文本、CSV、XML、JSON、PDF等。

CSV（comma-separated values，逗号分隔值）文件是指用逗号作为分隔符的文件，通常以纯文本形式存储表格数据（数字和文本）。CSV文件由任意数量的记录组成，记录间以某种换行符分隔；每条记录由字段组成，字段间的分隔符是逗号。

XML（extensible markup language，可扩展标记语言）文件非常适合于网络传输，它可以提供统一的方法来描述和交换独立于应用程序或供应商的结构化数据。

JSON（JavaScript object notation，JS对象简谱）是一种轻量级的数据交换格式。它基于ECMAScript（欧洲计算机协会制定的JS规范）的一个子集，采用完全独立于编程语言的文本格式来存储和表示数据。

PDF（portable document format，便携文件格式）文件以PostScript语言图像模型为基础，无论在哪种打印机上都可保证精确的颜色和准确的打印效果，即PDF会忠实地再现原稿的每一个字符、颜色及图像。

集团公司或者分支机构较多的单位，经常要汇总一些业务数据，用Power BI就可以直接通过文件夹导入汇总数据。

（二）Web 数据获取

当大数据技术数段逐步成熟，出现了一些专用的爬虫软件，解决了大数据处理数据来源的问题，Power BI 集成了部分数据爬取功能，在 Web 数据爬取时要确定网页的真实地址以及要采集的数据页面数量。设置方法如图 2-30 所示（地址：https://quote.cfi.cn/quotelist.aspx?sortcol=stockcode?sortway=asc%pageindex=1&sectypeid=1）。

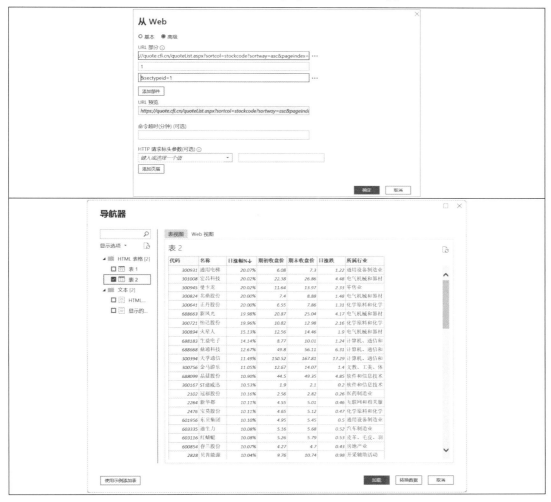

图 2-30 Web 数据获取

（三）数据库数据采集

Power BI 对市面上的所有关系型数据库都能提供非常好的支持，如 Access、SQL Server、MySQL、Oracle、SAP HANA、SAP BW 等。

不同的是，一般 Access 数据库相对较容易操作，采集方法如图 2-31 所示。其他的数据库都需要安装必要的组件，如 MySQL 需要相应版本的 Connet/Net 驱动程序，Oracle

数据库文件需要安装Oracle客户端等。

（四）Python 脚本等数据源

Power BI 可以直接读取 Python 脚本数据，设置方法见本项目任务五。

二、示例表数据采集

在大数据采集中有很多的数据采集软件，比如八爪鱼采集器、ForeSpide采集器、火车采集器、后羿采集器等。利用 Power BI 自带的 Web 数据采集功能，可以采集部分文本信息，在一定程度上解决了数据爬取的问题。Power BI 在进行数据采集时会对网页中的结构化数据在导航器中给出默认已经识别的表格，使用者也可以自己选择需要爬取的字段，按照自己设计的采集项目修改示例表并完成数据采集。比如要采集 CSDN 网站的全站综合热榜中的文章主题、作者、热度、浏览量、评论量、收藏量等数据，采用示例表的方法，每列只需输入连续两篇文章的数据，其他的数据系统会自动生成，如图 2-32 所示。

图 2-31　Access 数据库数据读取

图 2-32　示例表数据采集方法

🏆 技能强化

1.某公司销售数据储存在PDF文件中，请利用Power BI获取该PDF文件中的数据，使用视觉对象中的"簇状柱形图"展示不同销售人员订购额排名情况。

【任务要求】

图表选择：使用"簇状柱形图"展示不同销售人员订购额排名情况。

格式设置：关闭X轴、Y轴的标题；显示数据标签；标题设置为"销售人员订购额排名"，字体大小设置为"21"，加粗并居中；添加视觉对象边框，圆角（像素）设置为"10"。

2.某公司发票信息数据储存在"公司发票信息表"文件夹中，利用Power BI获取该文件夹内的数据，并用可视化视觉对象中的"簇状条形图"展示不同客户开票金额排名情况。

【任务要求】

图表选择：使用"簇状条形图"展示不同客户开票金额排名情况。

格式设置：关闭X轴、Y轴的标题；显示数据标签；标题设置为"客户开票金额排名"，字体大小设置为"21"，加粗并居中；条形图颜色设置为"#FE0001"；添加视觉对象边框，圆角（像素）设置为"10"。

3.通过Power BI获取大数据中心家具制造行业的基本财务数据，并用"簇状柱形图"展示不同公司的净利润排名情况。

【任务要求】

图表选择：使用"簇状柱形图"展示不同公司的净利润排名情况。

格式设置：关闭X轴、Y轴标题；显示数据标签；簇状柱形图颜色设置为"#ECC846"；标题设置为"家具制造行业2020年公司净利润排名"，字体大小设置为"21"，加粗并居中；添加视觉对象边框，圆角（像素）设置为"10"。

项目二技能强化

项目三 数据整理

◎ 学习目标

知识目标

1. 了解数据格式的知识，理解数据格式设置的意义。
2. 掌握Power Query中数据清洗工作的功能设置。
3. 知道数据清洗工作的内容，掌握数据清洗的基本流程。
4. 掌握数据表的转换方法、数据分拆合并等功能的使用。

技能目标

1. 根据数据展示要求，设置明确的数据清洗目标，发现数据中的问题。
2. 会使用Power Query中的相关清洗功能，完成数据清洗。
3. 能根据数据展示的结果找到清洗环节中的漏洞并完成纠错。

素养目标

1. 具有一定的数据素养，能明确自己的分析目的并制定分析方法。
2. 具备认真探索数据清洗功能，不断深化学习结果的意识。
3. 养成自主查询CSDN、Power BI星球等网站，寻找Power BI数据整理方法的习惯。

项目三课件　　　　项目三资源

项目导图

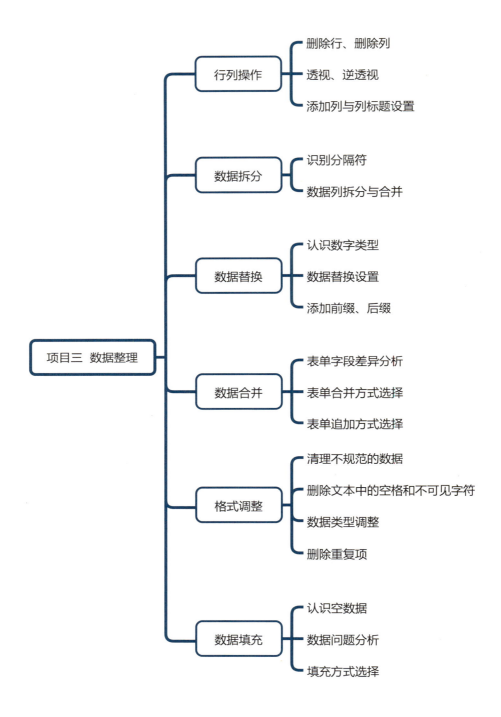

项目三 数据整理

- 行列操作
  - 删除行、删除列
  - 透视、逆透视
  - 添加列与列标题设置
- 数据拆分
  - 识别分隔符
  - 数据列拆分与合并
- 数据替换
  - 认识数字类型
  - 数据替换设置
  - 添加前缀、后缀
- 数据合并
  - 表单字段差异分析
  - 表单合并方式选择
  - 表单追加方式选择
- 格式调整
  - 清理不规范的数据
  - 删除文本中的空格和不可见字符
  - 数据类型调整
  - 删除重复项
- 数据填充
  - 认识空数据
  - 数据问题分析
  - 填充方式选择

案例导入

财务人员利用Power BI获取科云大数据中心中国石化资产负债表时，发现表格中有很多空数据、特殊字符、列标签等影响分析的数据，需要专业人员进行数据整理与清洗。

要求：简要说明从网页中下载的数据，还可能有哪些影响分析的问题，对照Power Query简要说明这些问题可以通过哪些功能进行处理。使用折线图反映企业资产、负债、所有者权益总额的变化。

效果图：

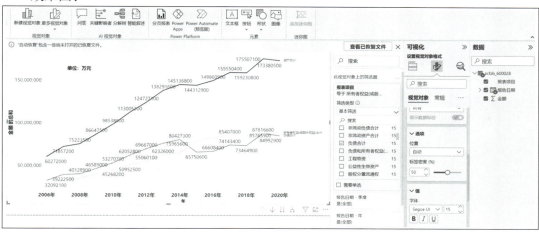

任务实施

任务一　行列操作

亿美投资股份有限公司财务人员从资产负债表中提取部分流动资产项目数据，以分析资金使用情况。请使用Power BI获取数据，并用"环形图"展示不同报表项目的金额占比。

操作步骤

步骤1：获取数据

复制URL，打开Power BI，单击"转换数据"，进入Power Query界面，单击"新建源"，选择"Web"，获取网页数据，如图3-1所示。

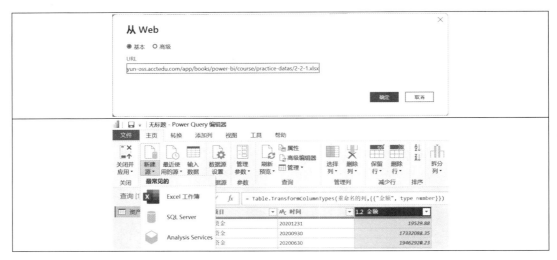

图 3-1　获取数据

方法 1：在 Power BI 主页中直接采集数据。

方法 2：在 Power Query 直接采集数据，其采集方法与在主页中采集一样，只是界面有差异。

⊙ **步骤 2：行列操作与数据清洗**

单击"主页"菜单下的"将第一行用作标题"；单击"删除行"→"删除最前面几行"，在弹出对话框中输入"2"，即删除前 2 行；选中第一列"说明"，单击"删除列"；单击"删除行"→"删除间隔行"，在弹出的对话框中设置要删除的第一行为"3"，要删除的行数为"1"，要保留的行数为"2"。步骤与最终结果如图 3-2 所示。

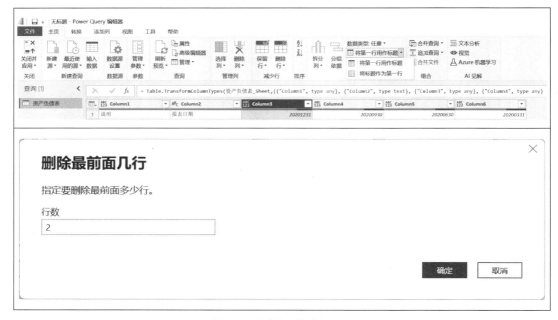

图 3-2　部分行列操作与结果

图 3-2　部分行列操作与结果（续）

> **步骤 3：逆透视与标题修改**

选中"第一列"，单击转换数据中的"逆透视其他列"，对其他季度值进行逆透视操作；将各列标签依次命名为"项目""时间""金额"，并将"金额"列的数据类型设置为"小数"，如图 3-3 所示。关闭并应用，返回 Power BI 主界面。

图 3-3　逆透视与列标签设置

> **步骤 4：生成不同项目金额占比环形图**

查看数据整理结果，单击报表视图，在可视化窗格中单击"环形图"，将"项目"字段拖至"图例"中，将"金额"拖至"值"中；设置图例字体大小为 17，勾选"图例"；将"详细信息标签"设置为"数据值，总百分比"；设置图形标题为"流动资产分析"，字体大小为"18"，加粗并居中；添加可视化视觉对象边框等。步骤与效果如图 3-4 所示。

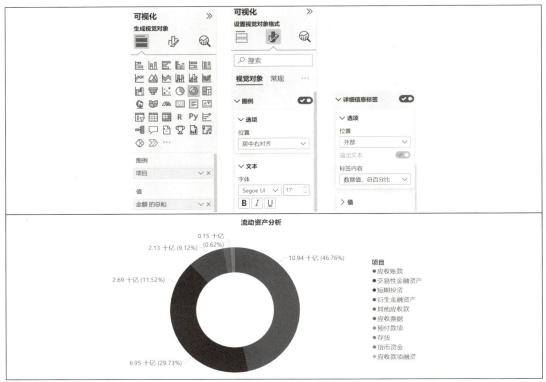

图 3-4　生成环形图

视频 3-1

任务二　数据拆分

为了应对市场的风险，很多企业开始走多样化经营道路。经营方向有主有次，于是产生了主营业务收入与其他业务收入，这为投资者提供了分析业务组成、判断企业发展前景的依据。请利用 Power BI 获取主营业务收入产品结构数据，对数据表格进行列拆分等处理，并分析不同公司主营业务收入产品结构的变化趋势。

操作步骤

⊘ 步骤 1：获取数据

复制 URL，打开 Power BI，单击"转换数据"，进入 Power Query 界面，单击"新建源"，选择"Web"，获取网页数据，如图 3-5 所示。

图 3-5　主营业务收入产品结构表数据获取

> 步骤 2：拆分列和逆透视

　　单击"拆分列"右边的下拉三角，拆分依据选择分隔符，选择自定义分隔符","；选中前三列数据，单击转换菜单下的"逆透视其他列"，对拆分后的列进行逆透视操作；对逆透视后的列进行二次拆分，拆分依据选择分隔符":"。将拆分后的两列列名分别改为"板块""占比"。步骤和最终结果如图 3-6 所示。

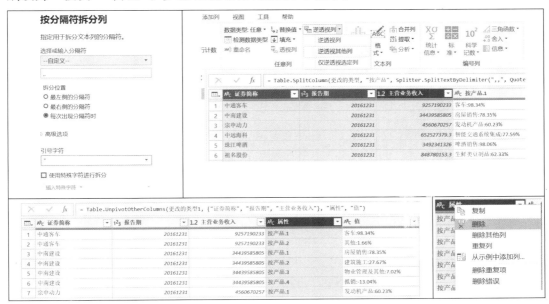

图 3-6　分拆列处理

图 3-6　分拆列处理（续）

⊙ **步骤 3：计算各产品的占比金额**

单击"添加自定义列"，设置自定义列的名称为"金额"，计算公式为"［主营业务收入］*［占比］"；整理各列的名称，转换数据类型，删除不必要的列，完成后将数据加载至模型中。步骤与结果如图 3-7 所示。

图 3-7　自定义列公式设置与结果

⊙ **步骤 4：生成不同公司主营业务收入产品结构变化趋势柱形图**

返回 Power BI 主界面，单击切片器，将"证券简称"拖至切片器字段中，设置切片器样式为"磁贴",并将其调整至合适位置;单击"堆积柱形图",将"报告期"拖至"X轴",将"金额"拖至"Y轴",将"产品名称"拖至"图例"中,调整图形的位置和大小;将堆积柱形图标题设置为"主营业务收入产品结构变化",字体大小设置为"21",加粗并居中,步骤和结果如图3-8所示。

读者可自行调整X轴、Y轴的值的大小。

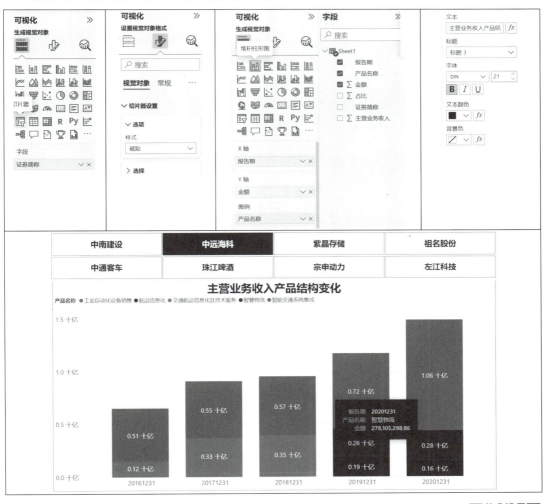

图3-8　堆积柱形图设置与结果

视频3-2

任务三　数据替换

分析资金流向与股价波动方向的关系。利用Power BI获取某股票流入和流出表,对数据进行处理,并用"柱形图"展示不同日期资金流向,为金融投资提供依据。

操作步骤

步骤 1：读取并分析数据

复制 URL，打开 Power BI，单击"转换数据"，进入 Power Query 界面，单击"新建源"，选择"Web"，获取网页数据，如图 3-9 所示。删除最上面一行后，观察数据的问题：除"日期"列外的数据都带有"万"字，不利于数据的汇总和分析，需要调整，如图 3-9 所示。

图 3-9　主力资金数据获取

步骤 2：数据处理

将"日期"列数据类型调整为"日期"（之前默认为"文本"）；删除最上面一行，选中"日期"列，将数据类型调整为"日期"，并逆透视其他列，将第 2 列标签修改为"资金分类"。

添加两个"自定义列"，分别设置公式"Text.Remove([值],{"万","亿","千"})""Text.Select([值],{" 一".."龢"})"；将金额分为数字和单位两部分，分别命名为"金额 1""金额 2"；继续添加条件列，设置公式"if [金额 2] = "万" then [金额 1] else [金额 1]/10000"，将新列设置为"金额"，如图 3-10 所示。

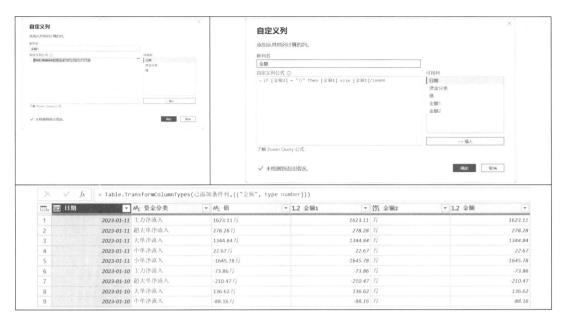

图 3-10　主力资金数据清洗

⊙ 步骤 3：数据类型调整

进入报表视图，选择"簇状柱形图"，将"日期"拖到"X轴"，将"金额"拖到"Y轴"，将"资金分类"拖到"图例"，修改字体大小，效果如图 3-11 所示。

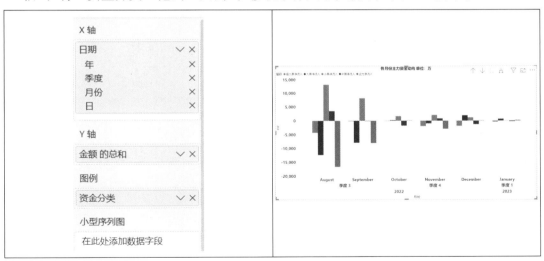

图 3-11　主力资金数据柱形图设置与效果

视频 3-3

任务四　数据合并

企业经营过程中会发生各类费用的支出，如材料、水电、折旧等，合理控制费用支出，是保证公司正常运行的根本。而若公司存在多个分部，则事情会变得比较复杂。请利用 Power BI 获取各个地区科目费用数据，对各个地区的费用数据进行汇总、追加，并分析不同门店的财务费用支出情况。

操作步骤

步骤 1：获取数据

复制 URL，打开 Power BI，单击"转换数据"，进入 Power Query 界面，单击"新建源"，选择"Web"，获取网页数据，如图 3-12 所示。

图 3-12　费用支出表数据获取

步骤 2：将查询追加为新查询

单击主页的"追加查询"列表中的"将查询追加为新查询"，分别追加"上海市""北京市""深圳市"三张表格，如图 3-13 所示；将新表命名为"合并表格"。

图 3-13　费用支出表合并

图 3-13　费用支出表合并（续）

> 步骤 3：用"矩阵"视觉对象呈现不同门店的费用支出情况

在可视化区域中选择"矩阵"，将"门店"拖至"行"，将"科目"拖至"列"，将"支出"拖至"值"，生成费用支出表；矩阵样式选择"差异最小"；设置列标题、行标题；取消行列小计；设置可视化视觉对象边框等。步骤与结果如图 3-14 所示。

视频 3-4

图 3-14　"矩阵"视觉对象设置与数据展示

任务五　格式调整

沿用案例导入中采集的信息，进行数据清洗，并利用"簇状柱形图"展示企业资产规模变化趋势。

🔍 操作步骤

> 步骤 1：获取数据

复制"案例导入"中文件的 URL，打开 Power BI，单击"转换数据"，进入 Power Query 界面，单击"新建源"，选择"Web"，获取网页数据，如图 3-15 所示。

图 3-15　资产负债表数据获取

步骤 2：列标题、多余列、特殊字符替换处理

将第一行用作标题，删除表格最后空列，将"--"替换为"0"。查询数据发现第 15 行中的"--"没有替换，原因是这个数据后面有多余空格、换行符等，需要修改格式，通过修整和清除命令删除数据前后的多余空格和换行符等，如图 3-16 所示。

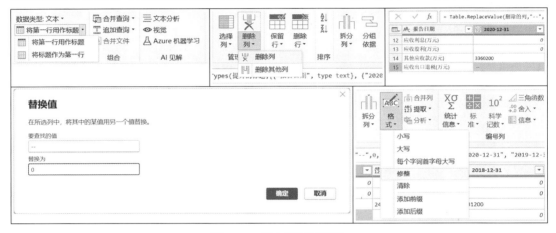

图 3-16　资产规模数据清洗

步骤 3：数据格式修改、冗余数据删除

选择第二列到最后一列，单击转换菜单下的"数据类型"，选择"小数"；将第一列标题修改为"报表项目"，将该列中的"（万元）"删除（替换掉）；选择"逆透视其他列"，将属性修改为"报表日期"，"值"修改为"金额（万元）"，将"报表日期"数据类型设置为日期，如图 3-17 所示。

图 3-17　部分数据替换

图 3-17 部分数据替换（续）

> **步骤 4：数据展示**

选择"折线图"，将"报表日期"下的"年"拖动到"X 轴"，将"金额（万元）"拖动到"Y 轴"，将"报表项目"拖动到"图例"；选择筛选器中的"报表项目"，勾选"负债合计""所有者权益合计""资产合计"项目；按时间进行排序，选择升序；添加文本框，设置标题文本为"资产、负债、所有者权益变动"；在格式设置页面中勾选"序列标签"。主要步骤与结果如图3-18 所示。

视频 3-5

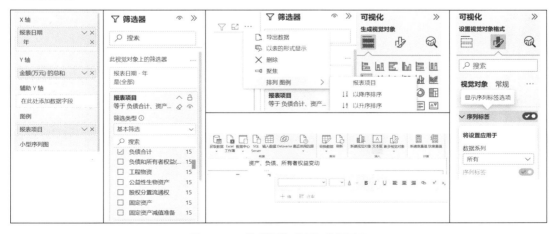

图 3-18 "折线图"设置与数据展示

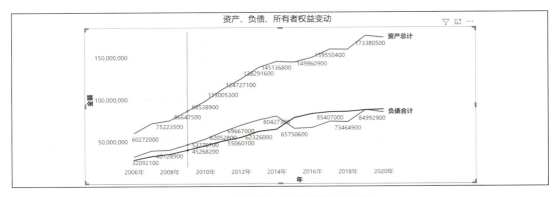

图 3-18　"折线图"设置与数据展示（续）

任务六　数据填充

为了促进资金的周转，致远科技有限公司对应收账款、预付账款、合同资产等产生的坏账准备进行清理，寻找欠款金额较大的客户以进行重点监控。请使用Power BI获取该公司 2021 年期初期末的坏账准备分布明细表数据，对数据进行处理，并用"矩阵"展示不同关联方的期末坏账准备在各项目上的分布情况。

🔍 操作步骤

▷ 步骤 1：获取数据

复制URL，打开Power BI，单击"转换数据"，进入Power Query界面，单击"新建源"，选择"Web"，获取网页数据，从读入的数据可以看出需要进行数据清洗，如图3-19 所示。

图 3-19　坏账准备分布明细表数据获取

▷ 步骤 2：数据填充

单击文件菜单下的"删除行"，删除最前面 1 行；选中"项目名称"列，单击转换菜单下的"填充"，选择向下填充，将第一列中的"null"替换为"应收账款""预付账款""合同资产"等；对"关联方"列进行排序，选择升序排列，于是本列中"null"和"合计"都排在前列，一共 10 行，删除最前面的 10 行；选择最后两列数据，将"null"替换为 0。各步骤如图 3-20 所示。

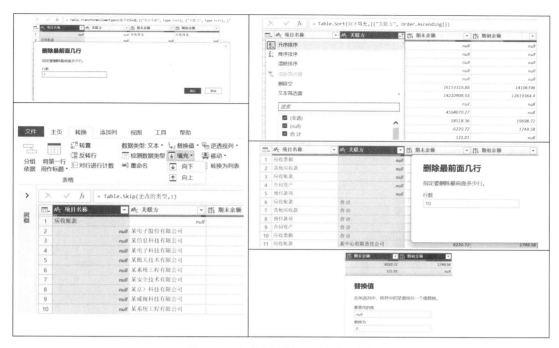

图 3-20　坏账准备分布明细表数据清洗

⊙ 步骤 3：用"矩阵"展示数据

选择"项目""关联方"两列数据，对剩余两列进行逆透视；分别将列标签"属性""值"修改为"日期""金额"，关闭并应用，回到 Power BI 主界面；在可视化视觉对象中选择"矩阵"，将"日期"拖到"行"，将"项目名称"拖到"列"，将"金额"拖到"值"；将标题设置为"坏账准备产生原因分析表"，字体大小设置为 15，加粗并居中。主要步骤与结果如图 3-21所示。

视频 3-6

图 3-21　坏账准备分布明细表数据展示

📋 知识总结

一、数据清洗

用 Power BI 获取的数据，必须通过一定的方法将其转换成符合要求的数据，才能加载到数据模型中进行展示。Power BI 中可以通过 Power Query 对数据进行整理和清洗，清洗过程一般包括数据类型转换、拆分、提取、归并等。

在"字段"窗格中选中某个字段后，可在"建模"选项卡中"列工具"菜单下的功能框处看到字段的详细信息，如格式、数据类型、摘要、数据类别等，如图 3-22 所示。

图 3-22　数据类型查看

（一）数字类型

Power BI Desktop 支持三种数字类型：小数、定点小数和整数。

（1）小数：表示 64 位（8 字节）浮点数。可以处理从 $-1.79E+308$ 到 $-2.23E-308$ 的负数、0，以及从 $2.23E-308$ 到 $1.79E+308$ 的正数。

（2）定点小数：小数点位置固定，小数点后固定有 4 位有效数字，最多可有 19 位有效数字。它可以表示的值的范围为 -922337203685477.5807 到 $+922337203685477.5807$。

（3）整数：表示 64 位（8 字节）整数值。最多可有 19 位有效数字，取值范围为 -9223372036854775808 到 9223372036854775807。

（二）日期时间类型

Power BI Desktop 支持查询视图中的五种日期／时间类型，以及报表视图和模型中的三种日期／时间类型。

（1）日期／时间数据表示日期和时间值。日期／时间的值以小数类型进行存储，这两种类型可以进行转换。日期的时间部分存储为$\frac{1}{300}$s（3.33 ms）的整数倍的分数。支持从1900年和9999年之间的年份整数。

（2）日期：仅表示日期，没有时间部分。

（3）时间：仅表示时间，没有日期部分。

（4）日期/时间/时区：表示UTC日期/时间。数据加载后，会被转换为日期/时间类型。

（5）持续时间：表示时间的长度。数据加载后，会被转换为十进制数据类型。可将其与日期/时间字段执行加法和减法运算。

（三）文本类型

文本类型的数据为Unicode字符串，其最大字符串长度为268435456个Unicode字符或536870912字节。

（四）布尔（Boolean）类型

布尔类型是一种常见且基础的数据类型，表示逻辑判断的结果，且结果只有两个：True和False。如在销售任务完成情况分析中设置列"是否完成任务 =IF([Sales] > 1000, True, False)"，那么结果是True或False，其中True代表完成，代表未完成。

（五）空值（null）类型

空值（null）是一个特殊的数据类型，表示数据缺失或不存在。处理数据时，经常会遇到某些字段或列中的值为空的情况，这时就需要用null来表示。null值可能会影响数据分析的准确性和完整性。因此，在进行数据分析之前，应先检查并处理数据中的null值。

二、数据清洗的步骤

数据清洗是一个关键的数据处理过程，旨在提高数据的质量和准确性，从而确保后续数据分析的可靠性和有效性。Power BI中的数据清洗是一个全面而细致的过程，涵盖了数据导入、预览筛选、去除冗余数据、处理缺失值和异常值、数据类型调整、数据格式化等多个环节。有效的数据清洗，可以确保数据的准确性和可靠性，为后续的数据分析和决策提供有力支持。

（一）删除文本中的空格和不可见字符

从数据库软件内导出的，或从网页复制过来的数据，经常会夹杂难以识别的非打印字符（也叫不可见字符）。这些字符容易导致在对相关信息进行引用、统计等处理的过程中错误频出，如出现空格、换行符等。如图3-23的第一个图中，第三行、第四行数据存在换行符，使用Power Query编辑器的"修整"和"清除"功能，可以快速解决相关问题，使数据变整齐。

图 3-23　数据的修整与清除

（二）清理不规范的数据

在数据清洗的过程中，用户还可以进行数据类型调整和数据格式化。Power BI会自动识别导入的数据类型，但有时会出现识别错误，这时需用户进行手动调整。用户还可以对数据作格式化处理，如将日期格式化为特定的年月日形式，将数字格式化为货币形式等，以提高数据的可读性和易用性。

利用Power Query编辑器中的拆分列、提取、转换等功能，可执行数据类型调整、不规范数据处理等任务。如图 3-24 所示，单击"属性"标签、"值"标签前面的"ᴬᴮᶜ"图标，将数据类型分别调整为日期、小数，而因为之前"值"字段中存在"--"字符，所以系统显示调整错误，这时用户在确定不会出现误删数据的情况下，可以手动删除错误数据。

图 3-24　数据类型的修改

（三）处理缺失值和异常值

处理缺失值是一个重要的数据清洗步骤，它有助于提高数据的完整性和准确性，从而为后续的数据分析和可视化提供可靠的基础。常见的处理缺失值的方法包括删除包含缺失值的行或列、填充、自定义列等，要根据数据的特性和分析目标来选择合适的方法。如图 3-25 所示，第一个图中出现部分指标没有项目的情况，通过观察可以发现，这是从 Excel 合并单元格中导入数据时出现的问题，因此可采用向下填充的方法加以解决。

	ABC 项目
1	流动性
2	null
3	null
4	null
5	收益性
6	null
7	成长性
8	null
9	null
10	安全性
11	null

	ABC 项目	ABC 指标名称	1.2 实际值	1.2 行业平均值
1	流动性	流动比率	2.41	2.13
2	流动性	速动比率	0.73	0.38
3	流动性	应收账款周转率	18.95	7.895
4	流动性	存货周转率	0.55	0.63
5	收益性	销售利润率	0.205	0.085
6	收益性	净资产收益率	0.115	0.106
7	成长性	主营业务收入增长率	0.202	0.395
8	成长性	净利润增长率	0.619	0.418
9	成长性	权益资本增长率	0.319	0.391
10	安全性	资产负债率	0.594	0.549
11	安全性	利息保障倍数	13.765	7.632

图 3-25　填充项目

（四）删除重复项

重复项干扰是用户在处理数据时经常需要面对的问题，Power Query 编辑器有"删除重复项"功能。默认情况下，使用 Power Query 编辑器的"删除重复项"功能，将删除重复项中的第一个数据。如图 3-26 所示，原汇总后的表单中有 8 条数据，在对订单编号进行删除重复项操作后，数据只剩 5 条。正确选择重复的标签是删除重复项操作不出错的重要环节，而如果选择对客户省份删除重复项操作，则只会留下一条数据。

图 3-26　删除重复项

三、数据整理

（一）一维表二维表的转换

财经网站中的数据一般都以行列形式呈现，这种数据接近于处理之后的数据，方便查看，但是不便于作进一步处理。利用"逆透视"功能可将二维表转换为一维表。

如图 3-27 所示，第一个图为一维表，第二个图为二维表。第一个图选择"年份"，通过透视列，转换为第二张图（准备把哪一列放到列标签，就选择哪一列）；第二个图选择"股票名称""股票代码""报告日期",通过逆透视其他列,转换为第一个图。

	ABC 股票名称	1²₃ 股票代码	ABC 报表名称	ABC 年份	ABC 金额
1	养元饮品	603156	营业总收入(万元)	2020-12-31	442712
2	养元饮品	603156	营业总收入(万元)	2019-12-31	745929
3	养元饮品	603156	营业总收入(万元)	2018-12-31	814424
4	养元饮品	603156	营业总收入(万元)	2017-12-31	774058
5	养元饮品	603156	营业总收入(万元)	2016-12-31	890035
6	养元饮品	603156	营业总收入(万元)	2015-12-31	911725
7	养元饮品	603156	营业总收入(万元)	2014-12-31	826175
8	养元饮品	603156	营业总收入(万元)	2013-12-31	743142
9	养元饮品	603156	营业总收入(万元)	2010-12-31	107746

	ABC 股票名称	1²₃ 股票代码	ABC 报告日期	ABC 2020-12-31	ABC 2019-12-31
1	养元饮品	603156	营业总收入(万元)	442712	745929
2	养元饮品	603156	营业收入(万元)	442712	745929
3	养元饮品	603156	利息收入(万元)	--	--
4	养元饮品	603156	已赚保费(万元)	--	--
5	养元饮品	603156	手续费及佣金收入(万元)	--	--
6	养元饮品	603156	房地产销售收入(万元)	--	--
7	养元饮品	603156	其他业务收入(万元)	--	--
8	养元饮品	603156	营业总成本(万元)	307350	472158
9	养元饮品	603156	营业成本(万元)	230997	351823
10	养元饮品	603156	利息支出(万元)	--	--
11	养元饮品	603156	手续费及佣金支出(万元)	--	--
12	养元饮品	603156	房地产销售成本(万元)	--	--
13	养元饮品	603156	研发费用(万元)	5920	5660

图 3-27 数据的行列转换

(二)添加列

在数据清洗过程中,有些情况需要在 Power Query 中借助添加列来完成数据清洗。Power Query 添加列的功能比较丰富,包括添加重复列、索引列、条件列、自定义列等。这些功能可以解决大数据处理中的一些问题,其中自定义列更是将 DAX 函数引入数据清洗过程中,让 Power Query 数据清洗工作变得更加流畅。比如,从产品信息中提取价格和产品名称,可以使用自定义列,在列中输入 "Text.Remove([产品信息],{"0".."9","元",".."})",可得到产品信息,如图 3-28 所示。

图 3-28 自定义列提取产品信息

图 3-28　自定义列提取产品信息（续）

添加列中其他的功能对数据清洗起着不可替代的作用，比如对时间序列的月份数据进行排序时，"1月，2月，…，11月，12月"在排序的时候会排成"10月，11月，12月，1月，2月，…，9月"，通过建立"索引列"，将月份按照索引列进行排序就可以解决这一问题；使用"重复列"，复制并添加现有的列，有助于在后续的分析和可视化过程中，同时查看和处理多个相同的数据列；使用"条件列"，用户可以根据销售额的不同范围将客户分为不同的级别，或者根据产品的库存状态生成警告或提示信息。

通过添加不同类型的列，用户可以更好地理解和利用数据，挖掘数据中的价值，从而做出更明智的决策。

（三）数据中的特殊表述

有时公司各部门提交的数据与总部要求的数据存在一些差异，比如，年字段总部要求"2023年"，但是下级部门提交的是"2023"，这类问题都可以通过添加前缀、后缀来解决。一些英文单词的写作要求，如大写、小写、首字母大写等，在Power BI中有专门的功能来实现。

🏆 技能强化

1.请利用Power BI获取资源中的"1—12月份销售表.xlsx"，并对表格进行追加查询、逆透视和分组操作，使用视觉对象中的"矩阵"分析各个销售部门所对应的各个产品1—12月份的销售情况。

【任务要求】

图表选择：使用"矩阵"展示各个销售部门所对应的各个产品1—12月份的销售情况。

格式设置：矩阵样式预设选择"差异最小"；行标题、列标题大小设置为"15"，加粗；值的大小设置为"15"；添加视觉对象的边框，圆角（像素）设置为"10"；对总计列进行降序排序。

2.利用Power BI获取资源中的"1—4季度资产负债表.xlsx"，并对表格进行拆分和逆透视操作，使用视觉对象中的"环形图"分析资产负债表项目大类的占比情况。

【任务要求】

图表选择：使用"环形图"展示资产负债表项目大类的占比情况。

格式设置：关闭图例；在详细信息标签中将标签内容设置为"类别，总百分比"，值大小设置为"12"，加粗；标题文本设置为"资产负债表项目占比"，字体大小为"21"，加粗且居中；添加视觉对象的边框，圆角（像素）设置为"10"。

3. 利用 Power BI 获取现金流量汇总表，对现金流量表的"报表项目"列按照活动类别（经营活动、投资活动、筹资活动）进行拆分，并用"矩阵"展示不同活动类别的现金流入、流出和净额的情况。

【任务要求】

图表选择：使用"矩阵"展示不同活动类别（经营活动、投资活动、筹资活动）的现金流入、流出和净额的情况。

格式设置：矩阵样式预设选择"差异最小"；行标题、列标题大小设置为"18"，加粗；值的大小设置为"18"；添加视觉对象的边框。

4. 利用 Power BI 获取运费范围统计表，对"城市"列进行拆分处理，使用"矩阵"展示不同城市运费范围所对应的金额。

【任务要求】

图表选择：使用"矩阵"展示不同城市运费范围所对应的金额。

格式设置：矩阵样式预设选择"差异最小"；行标题、列标题大小设置为"10"，加粗；值的大小设置为"10"；添加视觉对象的边框。

项目三技能强化

項目四 数据建模

 学习目标

知识目标

1.理解多表数据字段之间的几种关系与判断方法。

2.理解新建列、新建度量值、新建表在数据分析中的作用与函数选择。

3.了解地图、表、折线图、柱形图等视觉对象参数的设置。

技能目标

1.能使用Power BI完成数据关系的设置与修改。

2.能根据分析需要使用新建参数、新建数据表、新建列、新建度量值功能,完成数据的整理。

3.能使用表、矩阵、折线图、柱形图、地图等视觉对象展示数据。

4.能根据数据处理结果反推数据中的问题,并进行修改。

素养目标

1.具有大数据意识与一定的数据素养,能理解数据之间的关系。

2.了解数据分析师岗位职责,培养爱岗敬业的工作态度,激发学习数据可视化技术的信心与兴趣。

3.具备在百度、Power BI星球等网站查询数据建模方法的意识。

项目四课件

项目四资源

基
础
篇

项目导图

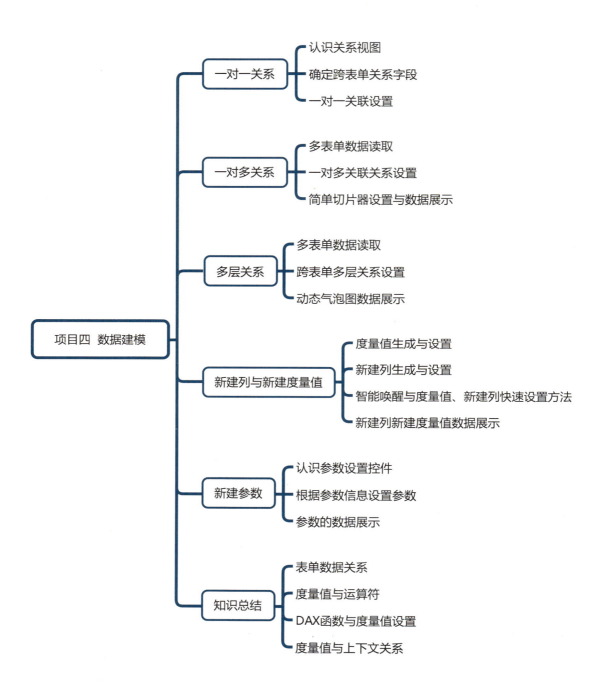

案例导入

财务人员获取公司销售订单表、客户表、产品表、城市表，准备按照客户姓名、大区、城市，呈现不同类别产品的销售情况。

要求：区分维度表、事实表，以正确的字段在维度表与事实表之间建立关联。

问题：通过哪些字段在独立的各表之间建立关系？这些关系有哪些种类？

效果图：

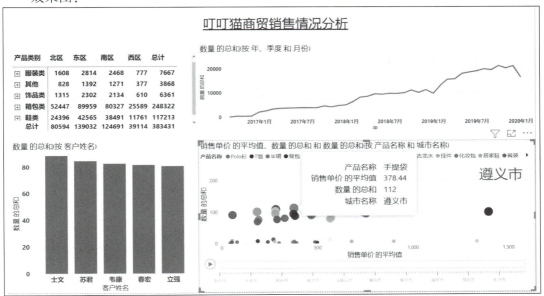

任务实施

任务一　一对一关系

数据可视化处理需要美学知识，合理的色彩选择可有效提升数据展示效果。计算机图形中表示颜色的格式主要有两种，即HEX格式和RGB格式。请利用Power BI获取"色彩对照表.xlsx"数据，以形像颜色字段为维度，为形像颜色、HEX格式、RGB格式以及英文名字建立一对一关系，并利用"表"视图展示色彩关系。

操作步骤

▷ 步骤1：准备数据

打开Power BI，单击"转换数据"，进入Power Query界面；单击"新建源"，选择"Excel工作簿"，在弹出的对话框中选择"色彩对照表.xlsx"；勾选三个表单，单击"确定"，将数据加载至 Power Query 中；依次选中每个表单，单击"将第一行应用为标题"，生成待处理数据，如图 4-1 所示。

单击"关闭并应用"，返回 Power BI 主界面。

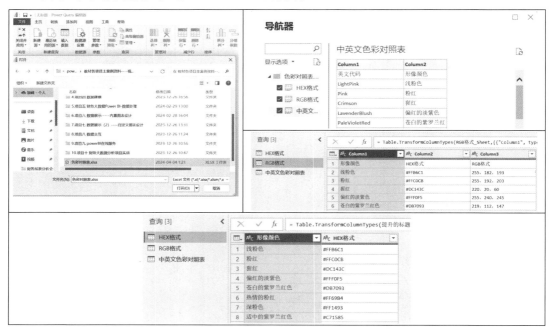

图 4-1　色彩对照表数据获取

> **步骤 2：建立一对一关系**

单击"主页"下的"管理关系"，修改表与表之间的关系，以"形象颜色"为维度，为色彩建立一对一关系，如图 4-2 所示。

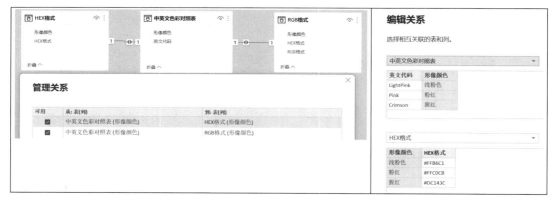

图 4-2　一对一数据关系建立

> **步骤 3：建立表视图**

单击视觉对象中的"表"，将"形象颜色""英文代码""HEX格式""RGB格式"拖动到"列"，得到四个字段之间的关系，如图 4-3 所示。

图 4-3　表视图设置与结果

⊙ **步骤 4：设置背景色**

单击可视化窗格中的"🖌"，在视觉对象中选择"单元格元素"，在"数据系列"下选择"形象颜色"，单击背景色"*fx*"；在弹出的对话框中选择"字段""HEX 格式"，单击"确定"；再次查看表视图，可以看到"形象颜色"列添加了背景色，如图 4-4 所示。读者可以使用"HEX 格式"为其他列字段添加颜色，这里不再赘述。

图 4-4　设置背景色

视频 4-1

任务二　一对多关系

三一重工股份有限公司将利润表存放在一个 csv 文件中，为了更方便地查看各年度利润，准备使用 Power BI 作为工具展示利润表数据。请帮该公司获取"利润表""财务报表项目分类"数据，选择"财务报表项目"字段，在利润表与项目分类之间建立一对多的关系，并利用表视图按年展示利润表数据。

操作步骤

步骤 1：获取数据

将利润表下载到本地，选择数据源"文本/CSV"，读取"lrb_600031.csv"，单击"转换数据"，进入 Power Query 界面，如图 4-5 所示，观察数据存在的问题并思考清洗方法。

图 4-5　CSV 文件数据获取

步骤 2：数据清洗

在数据视图中，选择"lrb_600031.csv"，将第一行用作标题；删除最后的空列，选择第一列，对其他列进行逆透视。选中"报表日期"列，将数据类型修改为"日期"；选中第一列，将"（万元）"替换为空；选中第二列，按住 Shift，选中最后一列，将"--"替换为"0"，将数据类型修改为"小数"；将第一、二列标签修改为"报表项目""报表日期"。

按表 4-1 通过自定义列，调整报表项目数据。

表 4-1　lrb_600031 中报表项目修改对照

利润表分类中的项目	lrb_600031 中的项目
营业总收入	一、营业总收入
营业总成本	二、营业总成本
营业税金及附加	税金及附加
营业利润	三、营业利润
利润总额	四、利润总额
营业外收入	加：营业外收入
营业外支出	减：营业外支出
所得税费用	减：所得税费用
净利润	五、净利润
基本每股收益	基本每股收益（元/股）
稀释每股收益	稀释每股收益（元/股）

设置方法如图 4-6 所示。

图 4-6　利润表数据清洗

新建度量值"金额合计"，在公式栏中输入公式"金额合计=SUM(lrb_600031[金额])"。

选择"表"视觉对象，将利润表分类中的"报表项目"按索引排序；将利润表分类中的"报表项目"和度量值"金额合计"拖动到"列"字段，生成利润表，如图 4-7所示。

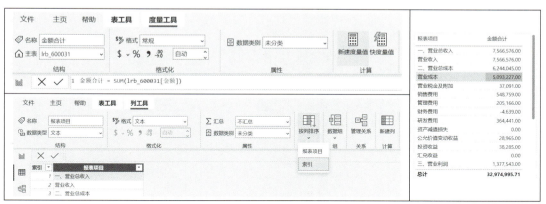

图 4-7　度量值设置与利润表生成

视频 4-2

任务三　多层关系

沿用案例导入资料，使用"矩阵"从客户姓名、大区、城市等维度展示不同类别产品的销售情况，即对上述数据维度进行行列下钻操作。

🔍 操作步骤

▷ 步骤 1：获取数据

复制 URL，打开 Power BI，单击"转换数据"，进入 Power Query 界面，单击"新建源"，选择"Web"，获取网页数据，如图 4-8 所示。

图 4-8　多表单文件数据获取

▷ 步骤 2：数据建模

为产品表、城市表、客户表与销售订单表建立一对多的数据关系，如图 4-9 所示。

图 4-9　多表单文件数据关系建立

▷ 步骤 3：生成销售情况散点图

选择"散点图"，将销售订单表中的"销售单价"拖动到"X轴"，并单击右边的下拉三角，选择"平均值"；将"数量"拖动到"Y轴"与"大小"，设置为"总和"；将产品表中的"产品名称"拖动到"图例"，将城市表中的"城市名称"拖动到"播放轴"；将X轴的字体大小设置为12，查看X轴、Y轴刻度差异和可视化效果的差异；在筛选器中将产品类别设置为"箱包类"。步骤与效果如图 4-10 所示。读者可根据案例导入效果图作其他视觉效果处理。

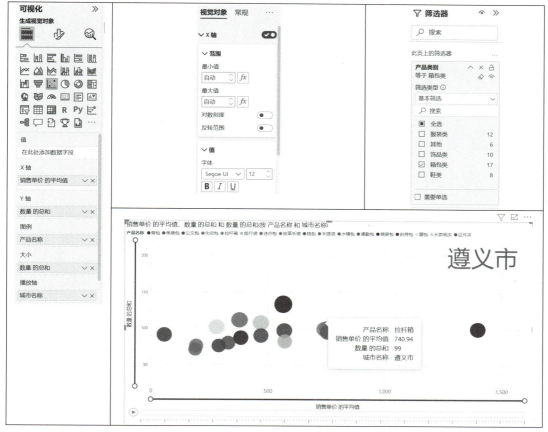

图 4-10　散点图设置与效果

视频 4-3

任务四　新建列和新建度量值

李宁体育用品有限公司为分析各渠道毛利润状况，汇总了各销售渠道的销售情况，但是没有列出毛利润。请使用 Power BI 中新建列和新建度量值两种方式计算毛利润，并展示不同销售渠道的毛利润数据。

操作步骤

步骤 1：获取数据

复制 URL，打开 Power BI，单击"转换数据"，进入 Power Query 界面，单击"新建源"，选择"Web"，获取网页数据，如图 4-11 所示。

图 4-11　各渠道销售数据获取

> **步骤 2：新建列**

单击"新建列"，如图 4-12 所示，在公式栏中输入毛利润的计算公式：

毛利润（新建列）=([产品单价]-[产品单件成本])*[产品销售数量]

图 4-12　"毛利润"列、度量值添加

> **步骤 3：新建度量值**

单击"新建度量值"，在公式栏中输入毛利润的计算公式：

毛利润（度量值）= SUMX（'产品单价表',（'产品单价表'[产品单价]-[产品单件成本]）*[产品销售数量]）

> **步骤 4：用视觉对象"表"呈现不同销售渠道的毛利润**

选择可视化视觉对象"表"，将"销售渠道""毛利润（新建列）""毛利润（度量值）"拖至"列"中，如图 4-13 所示。

"表"样式选择"差异最小"，值的大小设置为"21"；列标题设置为"21"，加粗；添加视觉对象的边框等。

视频 4-4

图 4-13　"表"视图设置与各渠道利润数据展示

任务五 新建参数

为更方便地测算在不同利率、年度、贷款金额的情况下企业的财务费用负担，云视科技公司拟使用Power BI中"新建参数"功能建立复利终值模型，并通过表视图进行终值的可视化展示。新建参数如表4-2所示。

表4-2 案例新建参数

参数名称	类型	最小值	最大值	增量
金额	整数	1000	10000	1000
利率	十进制整数	0.01	1	0.01
年份	整数	1	20	1

操作步骤

步骤1：新建参数——金额

单击"新建参数"，修改参数名称为"金额"，类型选择"整数"，最小值为"1000"，最大值为"10000"，增量为"1000"，单击"创建"，如图4-14所示。

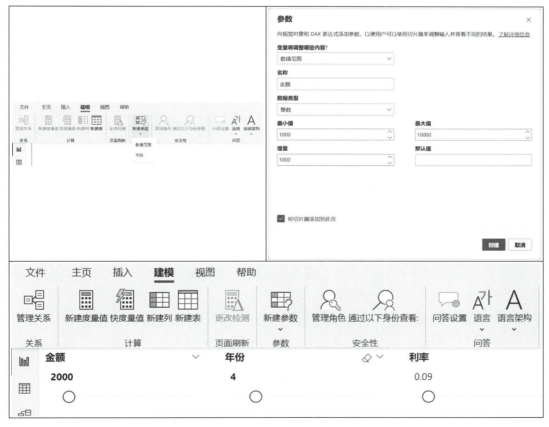

图4-14 参数设置与结果

> **步骤 2：新建参数——利率**

单击"新建参数"，修改参数名称为"利率"，类型选择"十进制数字"，最小值为"0.01"，最大值为"1"，增量为"0.01"，单击"创建"。

> **步骤 3：新建参数——年份**

单击"新建参数"，修改参数名称为"年份"，类型选择"整数"，最小值为"1"，最大值为"20"，增量为"1"，单击"创建"。

> **步骤 4：新建度量值——复利终值**

单击"新建度量值"，如图 4-15 所示，在公式栏中输入复利终值计算公式：

复利终值 = [金额值]*(1+[利率值])^[年份值]

新建"卡片图"，将度量值拖到卡片图的"字段"中。

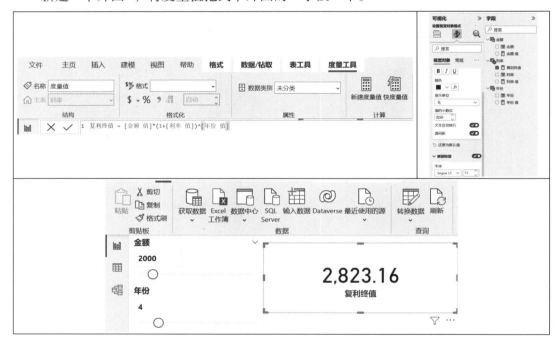

图 4-15　复利终值计算

> **步骤 5：调整可视化视觉对象元素**

选择生成的利率参数表单，在"列工具"菜单下调整"利率"列数据类型为"百分比"，如图 4-16 所示；新建三个切片器，将"金额""利率""年份"拖动到不同的卡片图中；新建第四个卡片图，将"复利终值"度量值拖动到卡片图中。调整四个卡片图位置和视觉效果，结果如图 4-16 所示。

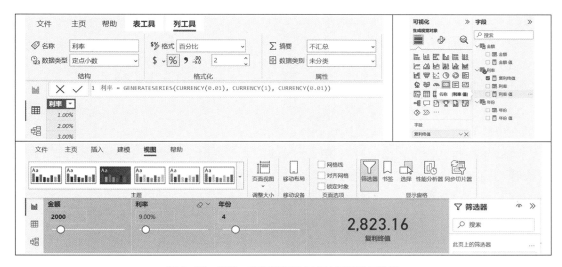

图 4-16　参数、度量值设置与卡片图设置与效果

步骤 6：建立复利终值表视图

添加"表"视觉对象，将"利率""年份""金额""复利终值"拖动到"列"字段中。编辑交互关系，单击格式菜单下的"编辑交互"，选择表视图，取消与利率、年份的交互关系，得到复利终值，如图 4-17 所示。

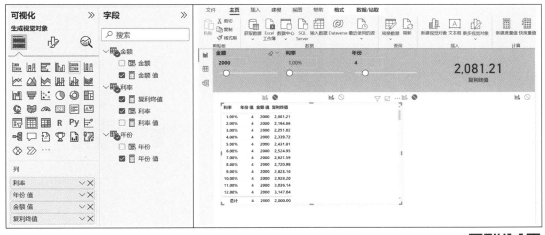

图 4-17　复利终值表视图设置与效果

视频 4-5

知识总结

Excel 数据透视表可以较方便地对数据进行归类汇总。而随着表格增多，工作量会逐渐增大，数据透视表的工作效率也就会下降。大多数情况下，财务人员面对的源数据，不是一张表，而是多张不同的表，这些不同的表需要协同配合才能更有效地被使用，多表的协同配合依靠表与表之间的逻辑关系。根据分析的需求，在多个表之间建立

合适的关系，使之可以像一张表一样被灵活使用，这个过程称为数据建模。

Power BI可以在多个表格之间建立关系，将多个分散的表格变成一个协同的模型，以便用户能按不同的维度、不同的逻辑来聚合分析数据，这就是数据建模的过程。

一、数据关系

一个良好的数据模型是数据分析的基础，也是一个良好的可视化报告的基础。建立一个优秀的模型，可以更简单地实现分析目的。

数据关系通过表与表之间具有相同意义的字段来连接，建立连接关系可以采用拖动字段到相同意义字段的方法，也可以采用关系视图中的"管理关系"功能来实现，如图4-18所示。

图 4-18　数据建模与关系设置

字段与字段之间的关系可以分为一对一（1:1）、多对一（*:1）、一对多（1:*）、多对多（*:*）

1:1 关系：意味着引用表与相关表的字段中都具有特定值的唯一实例。

*:1 关系：意味着一个表中的一个值可以具有多个实例，而另一个相关表（常称为查找表）中仅具有一个值的一个实例（值唯一非重复）。

1:* 关系：是多对一的反向。

: 关系：意味着仅在两个表的两列中都不包含唯一性，且多对多关系的显著不同行为被理解的时候才选用，否则认为没有关系可处理。

二、运算符

运算符是构成公式的基本元素之一，每个运算符代表一种运算。Power BI 包含四种类型的运算符，即算术运算符、比较运算符、文本串联运算符和逻辑运算符，如表 4-3 所示。

算术运算符：用于执行算术运算，运算结果为数值。

比较运算符：用于执行比较运算，运算结果为逻辑值 True 或 False。

文本串联运算符：用于将两个字符串连成一个字符串。

逻辑运算符：用于执行逻辑运算，运算结果为逻辑值 True 或 False。

表 4-3　公式中的运算符

符号	说明	实例
+	算术运算符：加法运算	2+3
-	算术运算符：减法运算或负号	5-3
*	算术运算符：乘法运算	2*3
/	算术运算符：除法运算	2/3
^	算术运算符：乘幂	3^2
=,>,<,>=,<=,<>	比较运算符： 等于、大于、小于、大于等于、小于等于、不等于	[运费]=500,[运费]>500 [运费]<500,[运费]>=500 [运费]<=500,[运费]<>500
&	文本串联运算符：连接字符串	"Excel"&"Home"（结果为"ExcelHome"）
&&	逻辑运算符：逻辑与——两个操作数都为 True 时，运算结果为 True，否则为 False	[运费]=500&&[成本]<500
||	逻辑运算符：逻辑或——两个操作数都为 False 时，运算结果为 False，否则为 True	[运费]<500||[成本]<500

三、DAX 语法与度量值

DAX 是一种简单的公式语言，于 2010 年与 Power Pivot 的第一个版本一起发布。DAX 不是编程语言，而是一种公式语言，可以帮助用户在计算列和计算字段（也称为度量）时自定义计算。也就是说，DAX 可以帮助用户通过数据模型中的现有数据创建新信息。使用 DAX 公式能够进行数据建模、数据分析操作，并将结果用于报告和判断。

DAX 公式有许多与 Excel 公式相似的功能，这种相似性，使熟悉 Excel 的用户更加容易学习DAX。但DAX公式与Excel公式有本质的区别：一般情况下，Excel公式在单元格中执行计算，使用行列坐标引用单元格；而DAX公式引用的是表、列或度量值，只能在表中运行计算。

DAX语法包括组成公式的各种元素，简单地说就是公式的编辑方式。需特别说明的是，一些DAX编写的公式很长，用户不需要输入每一个字母，但要学会使用智能唤醒功能。通过"'"可唤醒关联表和关联字段，如图4-19所示，通过"["可唤醒度量值或本表列字段，如"销售总额 = SUM('订单表'[销售额])"。

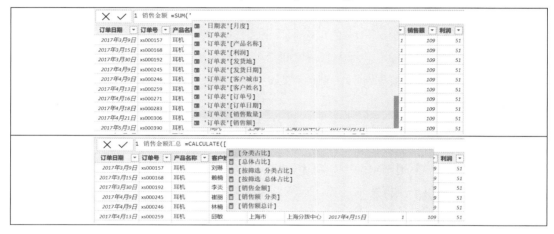

图4-19　度量值和列字段唤醒

以度量值"销售总额 = SUM('订单表'[销售额])"为例，解读DAX函数基本语法结构。

（1）销售金额：表示度量值名称，不可重复。

（2）=：表示公式的开头。完成计算后将会返回结果。

（3）SUM：DAX函数名，表示对销售表中"金额"列的所有数据求和。

（4）()：内含一个或多个参数的表达式。所有函数都至少需要一个参数，这个参数可以传递一个值给函数。

（5）'：用来引用表名。

（6）[：用来引用列名或度量值名。

（7）销售表：引用的表名。

（8）金额：引用的字段列。

四、度量值与上下文

（一）度量值

度量值是用DAX公式创建的一个虚拟字段的数据值，通常可以理解为要分析的数据指标。它不改变源数据，也不改变数据模型。度量值是Power BI数据建模的关键因素，通常用于常见的数据分析，如求和、求平均值等。实际操作中，也可以使用DAX公式创建更高级的计算。

度量值因维度选择的不同而不同，一般在报表交互时使用，以便快速进行数据浏览。例如，要想查看一个连锁经营单位不同产品、不同年度、不同门店等的销售数量和销售金额，可以利用度量值生成查询数据，如图4-20所示。

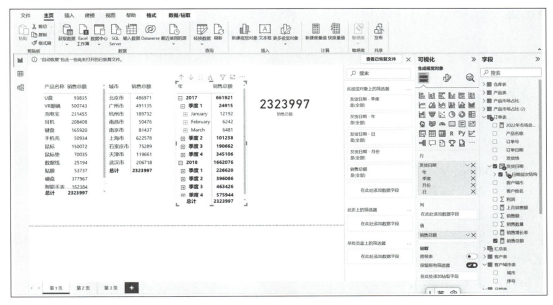

图4-20　度量值展示

（二）上下文

上下文是DAX中的一个重要概念，是指公式的计算环境。在DAX中，有两种上下文，即行上下文和筛选上下文。

（1）行上下文，在Power BI中通过对应字段的横向操作生成新列集合，如"金额＝单价*数量"，对每一行执行此操作就是行上下文操作。从数据源中获取数据后，Power BI将对其以关系表（二维表）的形式存储。利用函数计算时，通常会应用某一行中的数据，此时的行就是当前计算的行上下文。

（2）筛选上下文，对应表数据集合的列操作产生新的子表集合，如从表数据中选择日期大于2023年5月的记录。

上下文使度量值变得更加灵活多变，满足了用户的数据分析要求，同时降低了工作量。

🏆 技能强化

1. 现获得了某公司2016—2020年的部门费用核算和其他核算数据。请利用Power BI获取数据，并建立数据表格之间的关系，使用"矩阵"展示2016—2020年各部门的实际发生金额。

【任务要求】

图表选择：使用"矩阵"展示 2016—2020 年各部门的实际发生金额。

格式设置：矩阵样式预设选择"交替行"；行标题、列标题大小设置为"21"，加粗；值的大小设置为"21"；添加视觉对象的边框。

2.绿源食品是一家生产零食的厂商，其产品的销售渠道有线下经销商、线上购物平台、线下直营店三种。现在获得了公司产品销售的相关数据，请使用"矩阵"展示不同产品的销售渠道所对应的毛利润情况。

【任务要求】

图表选择：使用"矩阵"展示不同产品的销售渠道所对应的毛利润情况。

新建度量值：毛利润 = 销售数量 *（产品单价 - 产品单位成本）

格式设置：标题文本为"毛利润分布"，字体大小为"25"，加粗并居中，文本颜色为"#FFFFFF"，背景颜色为"#808080"；矩阵样式预设选择"差异最小"；行标题、列标题大小设置为"18"，加粗；值的大小设置为"18"；添加视觉对象的边框。

3.某公司是一家以经营特色火锅为主的大型跨省直营餐饮企业。请利用 Power BI 获取该公司营业收入情况表，并对数据进行处理，使用"折线图"展示 2019—2020 年各月份的营业收入增长趋势。

【任务要求】

图表选择：使用"折线图"展示 2019—2020 年各月份的营业收入增长趋势。

格式设置：关闭 X 轴、Y 轴的标题；关闭网格线（水平和垂直）；显示标记和数据标签；标题文本设置为"2019—2020 年各月营业收入走势"，加粗并居中；添加边框，设置圆角（像素）为"10"。

4.某地刚开一家面馆，根据市场价格，每碗面可卖 13~16 元。现在获取了该面馆变动成本表和固定成本表，请利用 Power BI 建立平衡销售量和平衡销售额模型，利用"卡片图"展示平衡点销售量、平衡点销售额。

【任务要求】

图表选择：使用 2 个"卡片图"分别展示平衡点销售量、平衡点销售额。

新建参数：价格变动。

新建度量值：平衡点销售量 = 固定成本总额/(价格 — 变动成本总额)；平衡点销售额 = 平衡点销售量 * 价格。

格式设置：标注值的大小设置为"42"；数据标签的值单位设置为"无"；添加视觉对象的背景颜色（可任意选择颜色），添加视觉对象的边框等。

项目四技能强化

应用篇

项目五 数据处理

◎ 学习目标

知识目标

1. 了解Power BI中函数的基本分类、参数设置、基本格式与基本用法。

2. 了解M函数、DAX函数的使用范围与使用方法。

3. 掌握表、矩阵、卡片等数据展示方法。

技能目标

1. 能在Power Query中利用M函数完成数据清洗。

2. 能在Power BI中利用DAX函数对度量值、新建列、新建表、新建参数等进行设置。

3. 能利用表、矩阵、卡片等视觉效果，对数据处理结果进行分析与纠错。

素养目标

1. 对数据敏感，理解数据关系，具备一定的数据素养。

2. 理解函数和程序语言对数据处理的重要性，积极主动地使用函数处理数据。

3. 具备通过百度、Power BI星球等网站查询处理方法的意识，养成尊重数据、务实严谨的科学态度。

项目五课件   项目五资源

🔍 项目导图

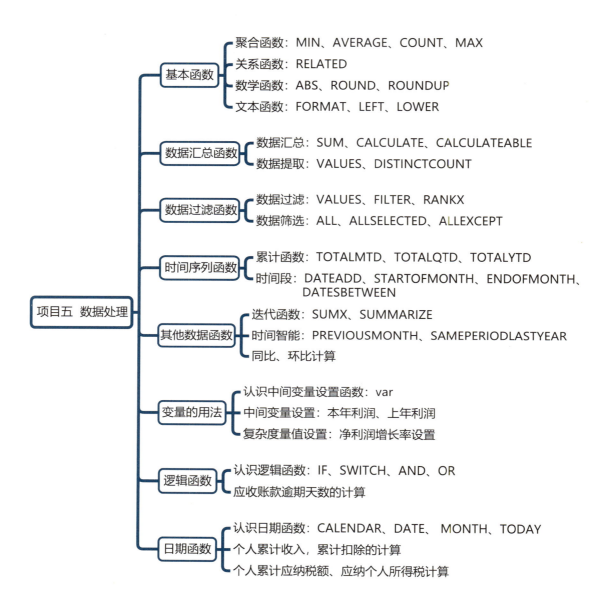

案例导入

李天天是一名事业单位人员，因税制改革，需要自行办理税务汇算清缴，于是他准备将社保、公积金、个人所得税 App 中的数据整理出来，计算本年的已预缴纳税金额、应纳税额和退税金额。

日期	社保缴费基数	养老8%	失业0.005	工伤保险	基本医疗	公积金计提基数	住房公积金	本期专项附加扣除
2022年9月30日	8856	692.32	43.27	0	178.08	13275	1593	1500
2022年10月31日	8856	692.32	43.27	0	178.08	13275	1593	1500
2022年11月30日	8856	870.08	44.28	0	178.08	13275	1593	1500
2022年12月31日	8856	708.48	44.28	0	182.12	13275	1593	1500
2023年1月31日	8856	708.48	44.28	0	182.12	13275	1593	1500
2023年2月28日	8856	708.48	44.28	0	182.12	13275	1593	1500
2023年3月31日	8856	708.48	44.28	0	182.12	13242	1589	1500
2023年4月30日	8856	708.48	44.28	0	182.12	13242	1589	1500

日期	本期收入	当年累计收入	专项扣除	专项附加扣除	其他扣除
2022年9月30日	28098	106593	2506.67	1500	446.16
2022年10月31日	8985	115578	2506.67	1500	446.16
2022年11月30日	8985	124563	2685.44	1500	535.04
2022年12月31日	9426.92	133989.92	2527.88	1500	454.24
2023年1月31日	8985	8985	2527.88	1500	454.24
2023年2月28日	9491	18476	2527.88	1500	454.24
2023年3月31日	11719	30195	2523.88	1500	454.24

累计收入与扣除详情

累计收入：	18476.00元
累计免税收入：	0.00元
累计减除费用：	10000.00元
累计专项扣除：	5055.76元
累计专项附加扣除：	3000.00元 ▼
累计其他扣除：	908.48元
累计个人养老金：	0.00元
累计准予扣除的捐赠额：	0.00元
累计应纳税所得额：	0.00元

他准备使用 Power BI 整理数据。请回答以下问题：

（1）社保项目的计算方法是什么？

（2）会用到哪些 DAX 函数来计算？

（3）实际工作中税费缴纳与税法的规定有哪些差异？

效果图：

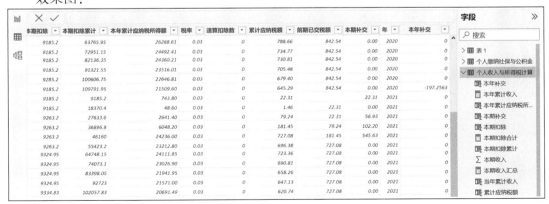

📊 任务实施

任务一　基本函数

中煤能源股份有限公司近期资金相对充裕，为减少资金闲置，拟在二级市场中购买部分股票作为交易性金融资产，投资领域还是选择采矿业。该公司规划处成员拟使用 Power BI 获取大数据中心"采矿业"所有上市公司的财务数据，计算出毛利率，然后选择"卡片图"展示行业的毛利率最大值、最小值、平均值和上市公司数量。

🔍 操作步骤

⊙ 步骤 1：数据准备

复制 URL，打开 Power BI，单击"获取数据"的"Web"，将数据加载至 Power Query，如图 5-1 所示。

json 文件可以在浏览器中下载，将文件地址复制粘贴到浏览器地址栏中，单击右键，在弹出的菜单中单击"另存为"，可以将 json 文件下载到本地，采用本地读入的方法读入数据，如图 5-1 所示。

图 5-1　json 数据采集

图 5-1 json 数据采集（续）

⊙ 步骤 2：新建"毛利率"列

在添加列菜单下，选择"自定义列"→"新建列"，在弹出的对话框中输入公式：

毛利率 =([#"list.营业收入(万元)"]-[#"list.营业成本(万元)"])/[#"list.营业收入(万元)"]

此时毛利率格式为小数，选中"毛利率"列，调整数据类型为"百分比"。主要步骤与结果如图 5-2 所示。

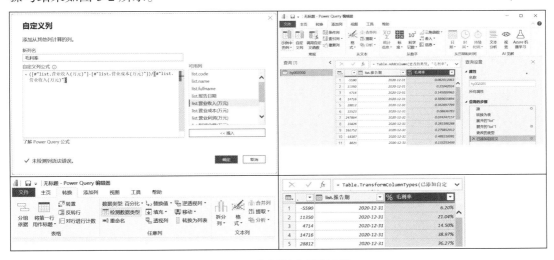

图 5-2 "毛利率"列的计算

⊙ 步骤 3：新建度量值，计算行业毛利率最大值

单击"新建度量值"，在公式栏中输入公式：

毛利率最大值 = MAX('hy002000'[毛利率])

将格式设置为百分比，并调整图的大小和位置。

单击"卡片图"，将度量值"毛利率最大值"拖至卡片图字段中；设置字体大小为15，加粗；为卡片图设置视觉对象边框，如图 5-3 所示。

图 5-3　度量值的计算与卡片图设置

> **步骤 4：新建度量值"毛利率最小值""毛利率平均值"**

单击"新建度量值"，在公式栏中分别输入公式：

毛利率最小值 = MIN('hy002000'[毛利率])

毛利率平均值 = AVERAGE('hy002000'[毛利率])

单击可视化视觉对象的"卡片图"，分别将度量值"毛利率最小值""毛利率平均值"拖至卡片图字段中。参照步骤 3，完成格式设置。

> **步骤 5：计算行业上市公司数量**

新建度量值"上市公司数量"。单击"新建度量值"，在公式栏中输入公式：

上市公司数量 = COUNT('hy002000'[list.code])

单击可视化视觉对象的"卡片图"，将度量值"上市公司数量"拖至卡片图字段中。参照步骤 3，完成格式设置。

最终效果如图 5-4 所示。

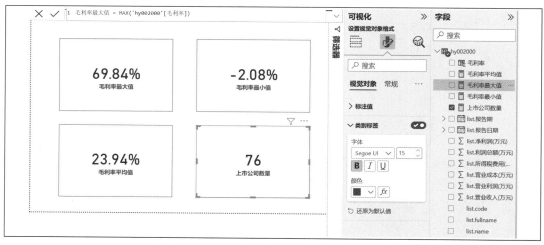

图 5-4　卡片图数据展示

任务二　数据汇总函数

平安银行为落实国家降低资产负债率的要求，控制信贷风险，准备从各年度的资产负债表中提取资产总计、负债总计数据，计算资产负债率。拟使用Power BI获取大数据中心"平安银行"（股票代码000001）的资产负债表，并利用"折线图"展示资产负债率的变化趋势。

🔍 操作步骤

▷ **步骤1：数据准备**

复制URL，打开Power BI，单击"获取数据"的"Web"，将数据加载至Power Query，如图5-5所示。

图5-5　平安银行资产负债表数据获取

▷ **步骤2：数据清洗**

选中第2列到最后一列，单击"替换值"，将"--"替换为"0"；将数据类型设置为"小数"时，第15行出错，原因是第15行中的"--"前面有多余空格，参照项目三任务五作格式调整；选择第一列，对其他列作逆透视，将前三列标签修改为"报表项目""报表日期""金额"；选择"报表日期"列，将数据类型设置为"日期"，将"金额"列数据类型设置为"小数"，如图5-6所示。

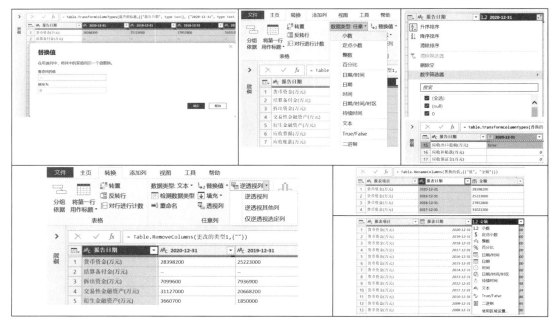

图 5-6　平安银行资产负债表数据清洗

> **步骤 2：新建三个度量值"资产总计""负债总计""所有者权益总计"**

单击"新建度量值"，在公式栏中输入公式：

资产总计 = CALCULATE(SUM(zcfzb_000001[金额]),'zcfzb_000001'[报表项目] = "资产总计(万元)")

负债总计 = CALCULATE(SUM(zcfzb_000001[金额]),'zcfzb_000001'[报表项目] = "负债合计(万元)")

所有者权益总计 = CALCULATE(SUM(zcfzb_000001[金额]),'zcfzb_000001'[报表项目] = "所有者权益(或股东权益)合计(万元)")

设置每个度量值的数据类型为"小数"，保留两位有效数字，在可视化窗格中单击"卡片图"，将"资产总计"拖动到"字段"中，同理设置负债总计、所有者权益总计卡片图。

关键步骤和结果如图 5-7 所示。

图 5-7　平安银行资产负债表数据卡片图设置

> **步骤 3：计算资产负债率**

单击"新建度量值"，在公式栏中输入公式：

资产负债率 = DIVIDE([负债总计],[资产总计])

设置资产负债率度量值格式为"百分比"。

> **步骤 4：生成资产负债率变化趋势图**

单击可视化视觉对象的"折线图"，将"报表日期"拖至"X轴"中，将度量值"资产负债率"拖至"Y轴"中；设置标题文本为"资产负债率趋势分析"，字体大小设置为"11"，加粗并居中。

关键步骤和结果如图 5-8 所示。

视频 5-2

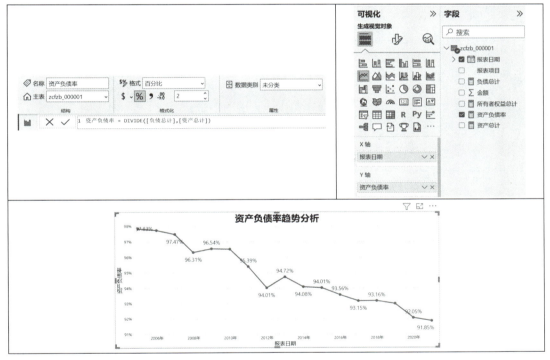

图 5-8　平安银行资产负债率变动折线图设置与结果

任务三　数据过滤函数

一、VALUE 与 HASONEVALUE

利用 Power BI 获取"产品销售渠道表.xlsx"数据。请利用"环形图"分析产品 26 的不同销售渠道的毛利润（注：筛选出毛利润大于 10 万元的订单）。

🔍 操作步骤

▷ 步骤 1：数据准备

复制URL，打开Power BI，单击"获取数据"的"Web"，将数据加载至Power Query，参照项目三完成数据清洗，检查并转化数据类型，完成后返回Power BI主界面，如图5-9所示。

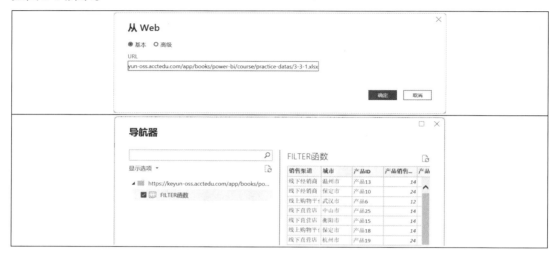

图 5-9　各渠道销售数据获取

▷ 步骤 2：筛选出产品 26 的毛利润大于 10 万元的订单，并计算毛利润总和

新建"毛利润"列。单击"新建列"，在公式栏中输入公式：

毛利润 = ([产品单价]-[产品单件成本])*[产品销售数量]

新建度量值"产品 26 大于 10 万元的毛利润"。单击"新建度量值"，在公式栏中输入公式：

产品26大于10万元的毛利润 = CALCULATE(SUM('FILTER函数'[毛利润]),'FILTER函数'[产品ID] = "产品26",FILTER('FILTER函数',[毛利润]>100000))

主要步骤如图 5-10 所示。

新建"产品 26 大于 10 万元的毛利润 1"列。单击"新建列"，在公式栏中输入公式：

产品26大于10万元的毛利润1的总和 = CALCULATE(SUM('FILTER函数'[毛利润]),'FILTER函数'[产品ID] = "产品26",FILTER('FILTER函数',[毛利润]>100000))

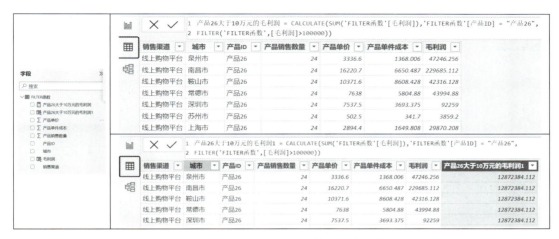

图 5-10　基于 FILTER 函数的数据过滤度量值设置

⊙ 步骤 3：各渠道销售数据展示

选择可视化区域中的"环形图"，将"销售渠道"拖至"图例"中，将度量值"产品 26 大于 10 万元的毛利润"拖至"值"中。标题文本设置为"产品 26 大于 10 万元的毛利润"，字体大小设置为"21"，加粗；添加可视化视觉对象边框等。同理添加"产品 26 大于 10 万元的毛利润 1 的总和"列数据"环形图"。结果如图 5-11 所示。

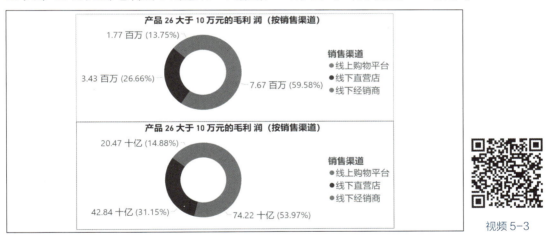

视频 5-3

图 5-11　各渠道销售数据环形图

任务四　时间序列函数

投资者为确定平安银行投资时点，拟从东方财富网上获取平安银行的历史资金流向数据，如图 5-12 所示。请利用 Power BI 获取该网页的表格，并使用"卡片图"展示股票月初至今、季初至今、年初至今以及指定日期（例如：3 月 1 日）至今的股价涨跌幅情况。

| 网站首页 加收藏 移动客户端 东方财富 天天基金网 东方财富证券 东方财富期货 Choice数据 股吧 | 登录 我的菜单 证券交易 基金交易 |

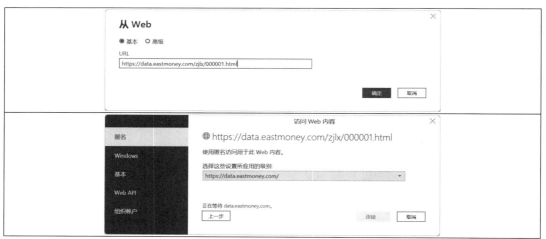

日期	收盘价	涨跌幅	主力净流入		超大单净流入		大单净流入		中单净流入		小单净流入	
			净额	净占比	净额	净占比	净额	净占比	净额	净占比	净额	净占比
2024-04-12	10.06	-1.85%	-1.88亿	-14.23%	-1.65亿	-12.50%	-2285.12万	-1.73%	4976.54万	3.76%	1.38亿	10.46%
2024-04-11	10.25	-0.29%	-1400.03万	-1.36%	-1851.65万	-1.80%	451.62万	0.44%	-1133.86万	-1.10%	2533.89万	2.46%
2024-04-10	10.28	-1.15%	-2.11亿	-16.34%	-1.22亿	-9.49%	-8825.38万	-6.85%	8712.97万	6.76%	1.23亿	9.57%
2024-04-09	10.40	-0.29%	-3507.61万	-3.93%	-7251.73万	-8.13%	3744.11万	4.20%	-97.90万	-0.11%	3605.51万	4.04%
2024-04-08	10.43	-0.29%	-7949.07万	-8.41%	-8471.70万	-8.96%	522.63万	0.55%	4308.52万	4.56%	3640.56万	3.85%
2024-04-03	10.46	-0.85%	-1.92亿	-18.68%	-2.15亿	-20.90%	2285.43万	2.22%	9499.97万	9.24%	9713.94万	9.44%
2024-04-02	10.55	-0.85%	-1.85亿	-16.09%	-1.71亿	-14.91%	-1348.15万	-1.17%	1.30亿	11.35%	5450.25万	4.74%
2024-04-01	10.64	1.14%	3924.40万	3.11%	4126.04万	3.27%	-201.64万	-0.16%	-6489.31万	-5.14%	2564.92万	2.03%

图 5-12 平安银行资金流向与股价变动网页数据

操作步骤

步骤 1：数据准备

复制 URL，打开 Power BI，单击"获取数据"的"Web"，勾选"表 4"，将数据加载至 Power Query，如图 5-13 所示。

图 5-13 平安银行资金流向与股价数据采集

图 5-13　平安银行资金流向与股价数据采集（续）

> 步骤 2：数据清洗

单击要删除的行的下拉三角，在弹出的菜单中选择"删除最前面几行"，行数设置为 1，完成删除操作后关闭并应用，返回 Power BI 主界面，如图 5-14 所示。

图 5-14　平安银行资金流向与股价数据清洗

> 步骤 3：新建度量值"月初至今涨跌幅""季初至今涨跌幅""年初至今涨跌幅""3 月 1 日至今涨跌幅"

新建空度量值表，在公式栏中输入：

度量值表=

新建度量值"月初至今涨跌幅"：在公式栏中输入公式：

月初至今涨跌幅 = TOTALMTD(SUM('表 4'[涨跌幅]),'表 4'[日期])

新建度量值"季初至今涨跌幅"，在公式编辑栏中输入公式：

季初至今涨跌幅 = TOTALQTD(SUM('表 4'[涨跌幅]),'表 4'[日期])

新建度量值"年初至今涨跌幅"，在公式编辑栏中输入公式：

年初至今涨跌幅 = TOTALYTD(SUM('表 4'[涨跌幅]),'表 4'[日期])

新建度量值"3 月 1 日至今涨跌幅"，单击新建列，在公式编辑栏中输入公式：

3 月 1 日 至 今 涨 跌 幅 = CALCULATE(SUM('表 4'[涨 跌 幅]),DATESBETWEEN('表 4'[日期],DATE(2022,3,1),TODAY()))

▶ **步骤 4：数据展示**

在可视化窗格中，选择"卡片图"，将度量值"月初至今涨跌幅"拖动到卡片图中，同时分别将"季初至今涨跌幅""年初至今涨跌幅""3 月 1 日至今涨跌幅"拖动到相应的卡片图中。

在可视化窗格，选择表视图，将度量值"月初至今涨跌幅""季初至今涨跌幅""年初至今涨跌幅""3 月 1 日至今涨跌幅"拖至表视图字段中，如图 5-15 所示。读者可根据需要自行进行美化。

视频 5-4

日期	涨跌幅 的总和	月初至今涨跌幅	年初至今涨跌幅	3月1日至今涨跌幅	季初至今涨跌幅
2023年6月16日	0.17%	2.80%	-15.81%	-17.82%	-4.65%
2023年6月19日	-1.55%	1.25%	-17.36%	-17.82%	-6.20%
2023年6月20日	-0.79%	0.46%	-18.15%	-17.82%	-6.99%
2023年6月21日	-0.09%	0.37%	-18.24%	-17.82%	-7.08%
2023年6月26日	-1.50%	-1.13%	-19.74%	-17.82%	-8.58%
2023年6月27日	0.89%	-0.24%	-18.85%	-17.82%	-7.69%
2023年6月28日	0.18%	-0.06%	-18.67%	-17.82%	-7.51%
2023年6月29日	-1.06%	-1.12%	-19.73%	-17.82%	-8.57%
2023年6月30日	0.45%	-0.67%	-19.28%	-17.82%	-8.12%
2023年7月3日	2.32%	2.32%	-16.96%	-17.82%	2.32%
2023年7月4日	-0.78%	1.54%	-17.74%	-17.82%	1.54%
2023年7月5日	-0.53%	1.01%	-18.27%	-17.82%	1.01%
2023年7月6日	-0.88%	0.13%	-19.15%	-17.82%	0.13%
2023年7月7日	-0.36%	-0.23%	-19.51%	-17.82%	-0.23%
总计	-19.51%	-0.23%	-19.51%	-17.82%	-0.23%

卡片图数据：
- -0.23% 月初至今涨跌幅
- -0.23% 季初至今涨跌幅
- -19.51% 年初至今涨跌幅
- -17.82% 3月1日至今涨跌幅

图 5-15　平安银行股价涨跌幅数据展示

任务五　其他数据函数

请利用 Power BI 获取迪卡侬销售数据，并使用"表"展示同比、环比增长情况和任务完成情况。

操作步骤

步骤1：数据准备

打开 Power BI，在主页菜单下单击"获取数据"，选择 Excel 工作簿，导入所有表单，设置表单数据关系，如图 5-16 所示。

图 5-16　迪卡依销售数据获取与数据建模

步骤2：日期表格式调整

单击"转换数据"，进入 Power Query，选择日期表，删除原有年、季度、月份列；选择"日期"列，在转换菜单下单击"日期/时间"，依次选择"日期"下的从"年"到"年"、从"月"到"月"、从"季度"到"季度"；添加新列，重新生成年、季度、月份字段，并按图 5-17 添加前缀、后缀；选择"日期"列，重新执行从"月"到"月"操作，修改列标签为"月排序系数"，作为时间序列排序依据，如图 5-17 所示。

图 5-17　迪卡侬销售情况时间序列建立

▷ **步骤 3：引入单价，设置度量值**

单击"新建列"，在公式栏中依次输入公式：

单价 = RELATED('产品信息表'[单价])

销售额 = [数量]*[单价]

单击"新建度量值"，在公式栏中依次输入公式：

销售额合计 = SUM('销售表'[销售额])

上期销售额 = CALCULATE([销售额合计],PREVIOUSMONTH('日期表'[日期]))

环比增长率 = DIVIDE([销售额合计]-[上期销售额],[上期销售额])

去年同期销售额 = CALCULATE([销售额合计],SAMEPERIODLASTYEAR(('日期表'[日期])))

同比增长率 = DIVIDE([销售额合计]-[去年同期销售额],[去年同期销售额])

▷ **步骤 4：用表视图展示变化趋势**

选择表视图，将度量值"年""月份""销售额合计""上期销售额""环比增长率""去年同期销售额""同比增长率"拖动到"列"中，如图 5-18 所示。

图 5-18　建立表视图

步骤 5: 展示任务完成情况

通过"店铺名称"为门店表与总目标表建立数据关系。新建表视图,将"销售区域""年""任务额""销售额合计"拖动到"值"字段中,在筛选器中按照年度筛选2020 年和 2021 年,如图 5-19 所示。

图 5-19　任务完成情况

视频 5-5

任务六　变量的用法

请利用 Power BI 获取大数据中心平安银行（股票代码 000001）的利润表，进行数据处理后，利用"折线图"展示其 2005—2020 年净利润的同比增长率情况（注：采用变量的方式计算）。

🔍 操作步骤

⊙ 步骤 1：数据准备

复制 URL，打开 Power BI，单击"获取数据"的"Web"，将数据加载至 Power Query，如图 5-20 所示。

图 5-20　平安银行利润表获取

⊙ 步骤 2：数据清洗

将第一行用作标题，选择最后的空列，单击"删除列"，将表格中的"--"替换为"0"；选择第一列，对其他列进行逆透视，修改列标签为"报表项目""年度""金额"，修改"年度"列数据类型为"日期"，修改"金额"列数据类型为"小数"；关闭并应用，返回 Power BI 主界面。主要步骤如图 5-21 所示。

图 5-21　平安银行利润表数据清洗

⊙ 步骤 3：新建度量值

单击"新建度量值"，在公式栏中输入公式：

本期净利润 = CALCULATE(SUM(lrb_000001[金额]),'lrb_000001'[报表项目] = "净利润(万元)")

上年净利润 = CALCULATE(CALCULATE(SUM(lrb_000001[金额]),'lrb_000001'[报表项目] = "净利润(万元)"),SAMEPERIODLASTYEAR('lrb_000001'[年度].[Date]))

净利润同比增长率 =

var a = CALCULATE(SUM(lrb_000001[金额]),'lrb_000001'[报表项目] = "净利润(万元)")

var b = CALCULATE(CALCULATE(SUM(lrb_000001[金额]),'lrb_000001'[报表项目] = "净利润(万元)"),SAMEPERIODLASTYEAR('lrb_000001'[年度].[Date]))

return DIVIDE(a-b,b)

将度量值"净利润增长率"数据类型修改为"百分比"。

> **步骤 4：图表选择与设置**

在可视化区域中选择"折线图和簇状柱形图",将"年度"拖至"X轴",将"本期净利润""上年净利润"拖动到"列 y 轴",将"净利润同比增长率"拖至"行 y 轴"。

打开标记和数据标签；将标题设置为"平安银行历年净利润同比增长率",字体大小设置为"21",加粗并居中；为整个图表添加视觉对象边框等。结果如图 5-22 所示。

视频 5-6

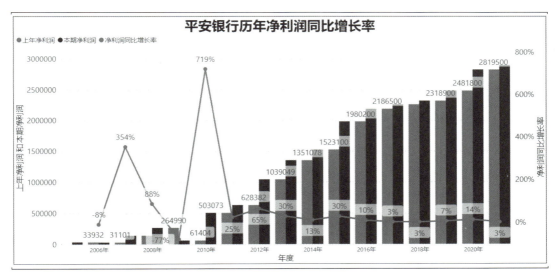

图 5-22　平安银行利润表数据展示

任务七　逻辑函数

佛山博美卫浴有限公司是一家卫浴用品制造企业,现有应收账款逾期情况数据（见表 5-1）。打开 Power BI 获取数据,根据逾期天数新建账龄区间,并使用"环形图"展示不同逾期类型的金额占比情况。

表 5-1　逾期情况

逾期分布	逾期类型
未逾期	逾期天数小于等于 0
3 个月以内	逾期天数大于 0，小于 90 天
3 个月到 1 年	逾期天数大于等于 90 天，小于 360 天
1 年到 2 年	逾期天数大于等于 360 天，小于 720 天
2 年到 3 年	逾期天数大于等于 720 天，小于 1080 天
3 年以上	逾期天数大于等于 1080 天

🔍 操作步骤

⊙ 步骤 1：数据准备

复制 URL，打开 Power BI，单击"获取数据"的"Web"，将数据加载至 Power Query 进行数据清理（将第一行用作标题等），如图 5-23 所示。

将数据清洗至满足建模和可视化要求，完成后关闭并应用，返回 Power BI 主界面。

图 5-23　数据获取与清洗

⊙ 步骤 2：新建列

单击"新建列"，名称设置为"逾期分布类型"，如图 5-24 所示，在公式栏中输入公式：

逾期分布类型 = SWITCH(TRUE(),[逾期天数]<=0,"未逾期",[逾期天数]<90,"3 个月以内",[逾期天数]<360,"3 个月 -1 年",[逾期天数]<720,"1 年 -2 年",[逾期天数]<1080,"2 年 -3 年","3 年以上")

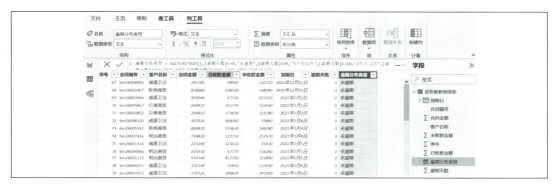

图 5-24　"逾期分布类型"列公式设置

> **步骤 3："利用"环形图"展示数据**

选择可视化视觉对象的"环形图"；将"逾期类型分布"拖至"图例"中，将"未收款金额"拖至"值"中；标签内容选择"类别，总百分比"；标题的文本设置为"逾期类型分布"，字体大小设置为"21"，加粗并居中；添加折线图的边框等。主要步骤与结果如图 5-25 所示。

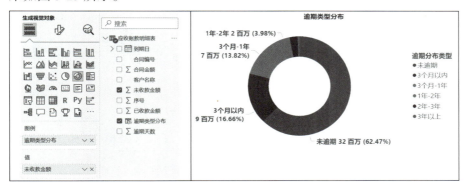

视频 5-7

图 5-25　逾期类型分布数据环形图设置与展示

任务八　日期函数

沿用案例导入资料，将个人所得税的计算过程完整地体现一张表上。

🔍 **操作步骤**

> **步骤 1：数据读取**

打开 Power BI，单击"获取数据"，选择数据源为"Excel"，将数据加载至 Power Query 进行数据清理（将第一行用作标题等），新建数据表，在公式栏中输入公式：

日期表 = ADDCOLUMNS (CALENDAR (FIRSTDATE('个人收入与所得税计算'[日期]),LASTDATE('个人收入与所得税计算'[日期])),

"年", YEAR ([Date]),

"季度", ROUNDUP(MONTH ([Date])/3,0),

"月", MONTH ([Date]),

"周", WEEKNUM([Date]),

"年季度", YEAR ([Date]) & "Q" & ROUNDUP(MONTH ([Date])/3,0) ,

"年月", YEAR ([Date]) * 100 + MONTH ([Date]),

"年周", YEAR ([Date]) * 100 + WEEKNUM ([Date]),

"星期几", WEEKDAY([Date],2))

在关系视图界面中，为三张表建立数据关系，直至满足建模和可视化要求，完成后关闭并加载数据至模型，如图 5-26 所示。

图 5-26　个人所得税数据获取与表格数据关系建立

> ⊙ **步骤 2：引入相关数据，计算本期扣除合计与本期扣除累计**

引入数据，将个税扣除中的直接扣除、附加扣除、其他扣除以及扣除标准通过 RELATED 函数从"个人缴纳社保与公积金"表单中引入，并计算本期扣除合计与本期扣除累计，方法如下：

参照项目四任务四中新建列的方法，在公式栏中输入公式：

专项扣除 = RELATED('个人缴纳社保与公积金'[专项扣除])

专项附加扣除 = RELATED('个人缴纳社保与公积金'[本期专项附加扣除])

其他扣除 = RELATED('个人缴纳社保与公积金'[本期其他扣除])

本期扣除 = [专项扣除]+[专项附加扣除]+[其他扣除]+5000

参照项目四任务四中新建度量值的方法，在公式栏中输入公式：

本期收入汇总 = SUM('个人收入与所得税计算'[本期收入])

本期扣除合计 = SUM([本期扣除])

完成累计收入、本期扣除累计公式列设置：

当年累计收入 = TOTALYTD([本期收入汇总],'个人收入与所得税计算'[日期])

本期扣除累计 = TOTALYTD([本期扣除合计],'个人收入与所得税计算'[日期])

⊙ 步骤 3：计算累计应纳税额

参照项目四任务四中新建列的方法，在公式栏中输入公式：

本年累计应纳税所得额 = IF([当年累计收入]-[本期扣除累计]<0,0,[当年累计收入]-[本期扣除累计])

税率 = SWITCH(TRUE(),[本年累计应纳税所得额]<=0,0,[本年累计应纳税所得额]<36000,0.03,[本年累计应纳税所得额]<144000,0.1,[本年累计应纳税所得额]<144000,0.2)

速算扣除数 = SWITCH(TRUE(),[本年累计应纳税所得额]<36000,0,[本年累计应纳税所得额]<144000,2520,[本年累计应纳税所得额]<144000,16920)

累计应纳税额 = [本年累计应纳税所得额]*[税率]-[速算扣除数]

⊙ 步骤 4：本期应纳税

参照项目四任务四中新建列的方法，在公式栏中编辑新建列公式：

年 = YEAR([日期])

前期已缴税额 =

VAR riqi1 = '个人收入与所得税计算'[日期]

VAR SCAN = '个人收入与所得税计算'[累计应纳税额]

VAR SCAN2 = '个人收入与所得税计算'[年]

VAR Prev_ID = CALCULATE(MAX('个人收入与所得税计算'[累计应纳税额]),

FILTER('个人收入与所得税计算','个人收入与所得税计算'[日期]< riqi1&&YEAR('个人收入与所得税计算'[日期])=SCAN2))

RETURN Prev_ID

本期补缴 = IF([累计应纳税额]-[前期已缴税额]<0,0,[累计应纳税额]-[前期已缴税额])

⊙ 步骤 5：汇算清缴

参照项目四任务四中新建列的方法，在公式栏中编辑新建列公式：

本年补缴 = IF(MONTH('个人收入与所得税计算'[日期])=12,[累计应纳税额]-[前期已缴税额]-[本期补缴],0)

完成数据处理，部分数据结果如图 5-27 所示。

扣除	其他扣除	本期扣除	本期扣除累计	本年累计应纳税所得额	税率	速算扣除数	累计应纳税额	前期已缴税额	本期补缴	年
500	100	7718.28	7718.28	40073.72	0.1	2520	1487.37		1487.37	2019
500	100	7718.28	15436.56	41231.44	0.1	2520	1603.14	1487.37	115.77	2019
500	100	7709.28	23145.84	43030.16	0.1	2520	1783.02	1603.14	179.87	2019
500	100	7709.28	30855.12	43908.88	0.1	2520	1870.89	1783.02	87.87	2019
500	100	7709.28	38564.4	44586.60	0.1	2520	1938.66	1870.89	67.77	2019
500	100	7709.28	46273.68	46561.32	0.1	2520	2136.13	1938.66	197.47	2019
500	100	7965.84	54239.52	47619.48	0.1	2520	2241.95	2136.13	105.82	2019

图 5-27　个人所得税计算结果

视频 5-8

知识总结

DAX 包含 200 多个函数，根据应用领域的不同，分为聚合函数，日期、时间和时间智能函数，逻辑函数，数学函数，信息函数，文本函数，转换函数，筛选器函数等。

一、聚合函数（见表 5-2）

表 5-2　常见的聚合函数

常用函数	说明	备注
SUM	求和	聚合函数是一种常用的数据处理函数，它能够对一组数值进行计算并返回一个单一数值。这些函数在数据分析和可视化过程中起着至关重要的作用，帮助用户更好地理解和洞察数据。它将人脑无法分析的海量数据迅速聚合到少量数据中，形成价值密度更高的信息
AVERAGE	求平均值	
MEDIEN	求中位值	
MAX	求最大值	
MIN	求最小值	
COUNT	数值格式计数	
COUNTA	所有格式计数	
COUNTBLANK	空单元格计数	
COUNTROWS	求表格中的行数	
DISTINCTCOUNT	不重复计数	

二、日期、时间和时间智能函数（见表 5-3、表 5-4）

表 5-3　常见的日期、时间函数

函数	说明	备注
YEAR	返回给定日期的年份	日期、时间函数，主要关注提取和操作日期、时间数据的特定部分。例如，DATE 函数可以根据给定的年、月、日返回一个日期，而 YEAR 函数则返回给定日期的年份部分。这些函数直接依赖于当前行上下文，通常作为新建列使用，用于提取日期字段中的特定信息，并进行后续的计算和分析
MONTH	返回 1 ~ 12 的整数（表示月份）	
DAY	返回月份第几天的整数	
HOUR	返回 0 ~ 23 的整数（小时）	
MINUTE	返回 0 ~ 59 的整数（分钟）	
SECOND	返回 0 ~ 59 的整数（秒）	
TODAY	返回当前的日期	
NOW	返回当前的日期和时间	
DATE	根据年、月、日生成日期	
TIME	根据时、分、秒生成时间	
DATEVALUE	将文本格式的日期转换成日期格式	
TIMEVALUE	将文本格式的时间转换成时间格式	
EDATE	调整日期格式中的月份	
EOMONTH	返回调整后的日期中月份的最后一天	
WEEKDAY	返回 1 ~ 7 的整数（表示星期几）	
WEEKNUM	当前日期在一整年中的第几周（1 月 1 日开始算）	

表 5-4　常见的时间智能函数

函数	说明	备注
PREVIOUSYEAR/Q/M/D	表示上一年 / 季 / 月 / 日	时间智能函数与日期、时间函数相比具有更高级的功能，它们会重置上下文，并在更广泛的时间范围内进行操作。这些函数通常用于创建度量值，可以快速移动到指定区间，进行时间序列分析、趋势预测等
NEXTYEAR/Q/M/D	表示下一年 / 季 / 月 / 日	
TOTALYTD/QTD/MTD	表示年 / 季 / 月初至今	
SAMEPERIODLASTYEAR	表示上年同期	
PARALLELPERIOD	表示上一期	
DATESINPERIOD	表示指定期间的日期	
DATEADD	表示日期推移	
DATESYTD	表示本年累计至今	

利用时间智能函数，可以灵活地筛选出需要的时间区间。做同比、环比、滚动预测、移动平均等数据分析时，都会用到这类函数。

三、逻辑函数（见表 5-5）

表 5-5　常见的逻辑函数

函数	说明	备注
IF	根据某个或几个逻辑判断是否成立，返回指定的数值	逻辑函数在 Power BI 中非常实用，可以根据特定条件对数据进行筛选、转换和分类。通过组合使用这些函数，可以创建出更复杂、更精确的报表和分析模型。
IFERROR	如果计算出错，则返回指定数值	
AND	表示逻辑关系的"且"（&&）	
OR	表示逻辑关系的"或"（‖）	
SWITCH	表示数值转换	

四、信息函数（见表 5-6）

表 5-6　常见的信息函数

函数	说明	备注
ISBLANK	是否空值	信息函数主要用于获取和处理有关数据值或数据状态的信息。这些函数可以帮助用户更深入地了解数据的性质，以便更准确地进行数据分析和可视化操作
ISNUMBER	是否数值	
ISTEXT	是否文本	
ISNOTEST	是否非文本	
ISERROR	是否错误	

五、数学函数（见表 5-7）

表 5-7　常见的数学函数

函数	说明	备注
ABS	表示绝对值	数学函数用于执行各种数学计算，从而帮助用户分析和处理数据，以满足用户不同的数学计算需求。这些函数在数据处理、分析和可视化过程中发挥着重要作用，可以帮助用户更深入地理解数据，并发现其中的规律和趋势
ROUND	表示四舍五入	
ROUNDUP	表示向上舍入	
ROUNDDOWN	表示向下舍入	

六、文本函数（见表 5-8）

表 5-8　常见的文本函数

函数	说明	备注
FORMAT	表示日期或数字格式的转换	文本函数主要用于处理和分析文本数据。通过它们，可以对文本数据进行清洗、转换和格式化，以便更好地进行后续的分析和展示。结合其他函数和工具，还可以执行更复杂的文本处理和分析任务
LEFT	表示从左向右取	
RIGHT	表示从右向左取	
MID	表示从中间开始取	
LEN	返回指定字符串的长度	
FIND	返回一个文本字符在另一个文本字符中的起始位置（区分大小写）	
SEARCH	返回一个文本字符在另一个文本字符中的起始位置（不区分大小写）	
REPLACE	替换	
SUBSTITUTE	查找替换	
VALUE	转换成数值	
BLANK	返回空值	
CONCATENATE	连接字符串，等同于"&"	
LOWER	将字母转换成小写	
UPPER	将字母转换成大写	
TRIM	从文本中删除两个词之间除了单个空格外的所有空格	
REPT	重复字符串	

七、转换函数（见表 5-9）

表 5-9　常见的转换函数

函数	说明	备注
FORMAT	表示日期或数字格式的转换	Power BI 提供了多种转换函数，用于将数据从一种格式或类型转换为另一种。这些转换函数在处理和分析数据时非常有用，特别是在数据清洗和准备阶段
VALUE	表示转换成数值	
INT	表示转换成整数	
DATE	表示转换成日期格式	
TIME	表示转换成时间格式	
CURRENCY	表示转换成货币	

八、筛选器函数（见表 5-10）

表 5-10　常见的筛选器函数

函数	说明	备注
FILTER	按条件筛选数据	筛选器函数主要用于在数据分析和可视化过程中对数据进行筛选和过滤。这些函数可以根据特定的条件或逻辑来限制数据的范围，从而帮助用户更精确地聚焦在感兴趣的数据子集上
VALUES	返回列或者表去重后的结果	
TOPN	返回前几名的数据	
ALL	返回所有数据	
ALLEXCEPT	返回所有数据，除了"……"	
ALLNONBLANKROW	返回非空白行的所有数据	

九、关系函数（见表 5-11）

表 5-11　常见的关系函数

函数	说明	备注
RELATED	从关系的一端返回标量值	关系函数主要用于连接不同的数据表，以便进行联合查询和分析。这些关系函数在处理跨表数据时非常有用，可以帮助用户获取和整合多个表中的数据
RELATEDTABLE	从关系的多端返回符合要求的所有记录	

十、高级聚合函数（见表 5-12）

表 5-12　常见的高级聚合函数

函数	说明	备注
SUMX	求和	高级聚合函数为用户提供了强大的数据聚合和分析能力，使得用户可以更深入地理解和处理数据。允许用户根据特定的业务需求和数据特性来定制聚合逻辑，从而更准确地揭示数据的内在规律和趋势。
AVERAGEX	求平均值	
MAXX	求最大值	
MINX	求最小值	
COUNTX	数值格式计数	其与聚合函数的区别在于：聚合函数只用于列操作，高级聚合函数可在行操作的基础上进行列运算，因此高级聚合函数一般用于列与列之间运算之后的聚合
COUNTAX	所有格式计数	
MEDIENX	求中位值	
RANKX	排名	

🏆 技能强化

1.经销商是企业的重要合作伙伴，对经销商的信用管理工作也就十分重要。佛山博美卫浴有限公司采用的评估方法为 5C 信用评价系统，即评估经销商信用品质的五个方面，包括品质、能力、资本、抵押和条件。请利用 Power BI 获取数据，对数据进行处理和建模，对经销商的信用评级得分进行加权计算，并按照对应等级进行标记，使用可视化视觉对象展示数据计算内容。

【任务要求】

图表选择：使用"簇状条形图"展示不同经销商加权评级成绩排名情况。

格式设置：关闭 X 轴、Y 轴的标题；显示数据标签；标题文本设置为"经销商得分排名"；添加边框，圆角（像素）设置为"10"。

2.佛山博美卫浴有限公司请专家进行本年度销售金额预测，每位专家按照最高、最可能、最低三种情况进行预测。请用 Power BI 获取数据，对数据进行处理和建模，计算专家预测的销售额的期望值，用可视化视觉对象展示数据内容。

【任务要求】

图表选择：使用"柱形图"展示不同地区的销售额期望值。

格式设置：X 轴和 Y 轴的值大小设置为"16"；显示数据标签，值大小设置为"16"，单位设置为"无"；数据颜色设置为"#01B8AA"；添加可视化视觉对象边框等。

3.现有佛山博美卫浴有限公司的消费者情况数据，根据表 5-13，利用 Power BI 对客户收入情况进行等级分类，利用可视化视觉对象的"环形图"展示不同等级的客户数量占比情况。

表 5-13　客户等级分类

收入	客户等级分类
30 万元以上	高价值客户
20 万元至 30 万元（不含）	中价值客户
其他	低价值客户

【任务要求】

图表选择：利用"环形图"展示不同等级的客户数量占比情况。

格式设置：数据标签设置为"类别，总百分比"，值大小设置为"12"，加粗。标题文本设置为"客户等级分类分析"，字体大小设置为"21"，加粗并居中；添加边框，设置圆角（像素）为"10"。

项目五技能强化

项目六 数据展示——内置图表设计

◎ 学习目标

知识目标
1.掌握根据数据内容选择视觉对象的基本理论。

2.知道Power BI内置视觉对象的参数设置、图表元素组成与设置方法。

3.知道添加自定义视觉效果相关网站和外部视觉效果的添加方法。

技能目标
1.能根据数据源进行数据的处理，选择内置视觉对象，进行参数设置。

2.能查阅Power BI自定义视觉效果网站，查阅最新增加的视觉效果，具备根据视觉效果阐述数据的能力。

3.能对所生成的视觉对象进行调整纠错，完成视觉对象格式设置。

素养目标
1.在保证数据展示正确的基础上体现美学素养，形成自己的设计风格。

2.具有创新意识，能通过Power BI相关网站自主学习，不断提升设计能力。

3.具备根据效果审视数据，自主纠错的意识。

项目六课件　　　　　项目六资源

项目导图

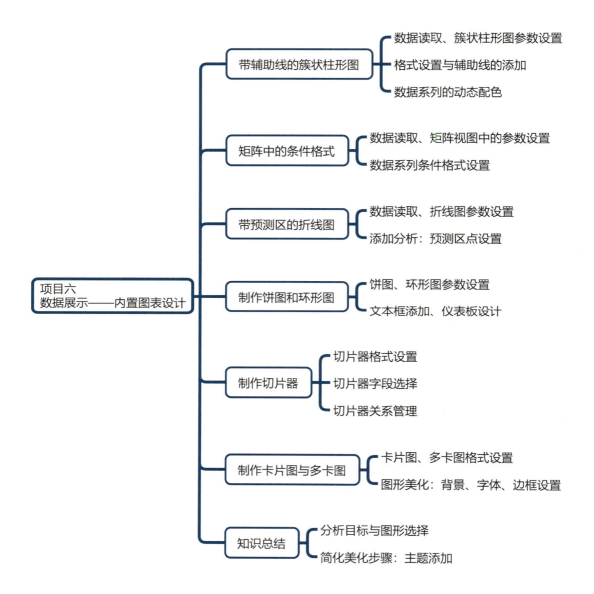

带辅助线的簇状柱形图
- 数据读取、簇状柱形图参数设置
- 格式设置与辅助线的添加
- 数据系列的动态配色

矩阵中的条件格式
- 数据读取、矩阵视图中的参数设置
- 数据系列条件格式设置

带预测区的折线图
- 数据读取、折线图参数设置
- 添加分析：预测区点设置

项目六
数据展示——内置图表设计

制作饼图和环形图
- 饼图、环形图参数设置
- 文本框添加、仪表板设计

制作切片器
- 切片器格式设置
- 切片器字段选择
- 切片器关系管理

制作卡片图与多卡图
- 卡片图、多卡图格式设置
- 图形美化：背景、字体、边框设置

知识总结
- 分析目标与图形选择
- 简化美化步骤：主题添加

案例导入

乐行车行有限公司成立以来，培养了一批爱好骑行的忠实客户。为掌握多年自行车及其配件销售情况，公司拟使用Power BI获取销售数据，采用堆积柱形图反映各商品成本、利润构成。

要求：绘制切片器，展示不同类别商品的销售情况。仔细查看Power BI内置图表，并分析这些图表可以满足哪些分析要求。

效果图：

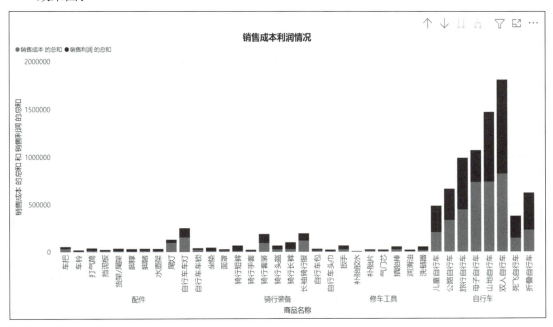

任务实施

任务一 带辅助线的簇状柱形图

乐行车行销售部为评选销售之星，将各个销售员的业绩汇总，形成表单，并放在资源地址中。管理部门拟利用Power BI读取数据，绘制簇状柱形图，展示各销售员的销售情况。

操作步骤

⊙ 步骤 1：数据准备

复制 URL，打开 Power BI，单击"获取数据"的"Web"，单击"加载"，将数据加载至模型中，如图 6-1 所示。

图 6-1 销售业绩表数据获取

⊙ 步骤 2：销售业绩排名

在可视化区域中单击"簇状柱形图"，把"销售员"拖到"X 轴"中，把"销售业绩"拖到"Y 轴"中，生成柱形图，如图 6-2 所示。

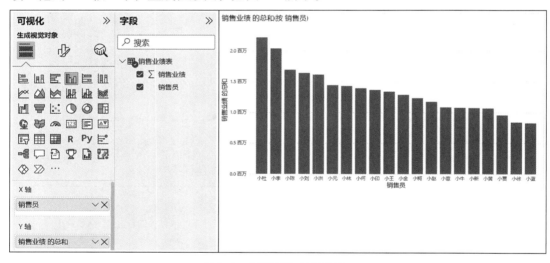

图 6-2 字段设置与柱形图效果

⊙ 步骤 3：为簇状柱形图添加辅助线

选中生成的"簇状柱状图"，单击格式中的"🔍"，在展开的恒定线设置框中，单击"添加行"，在直线下的"值"中输入"1500000"，直线颜色和样式可自选，如图 6-3 所示。

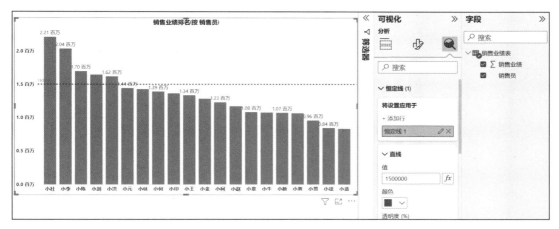

图 6-3　柱状图辅助线设置

⊙ 步骤 4: 设置配色

参照步骤 3 添加 "1000000" 的恒定线。选择 "簇状柱形图", 单击 "对象格式", 选择视觉对象下的 "列", 单击颜色下的 "fx", 在弹出的对话框中设置不同销售业绩的颜色。

添加簇状柱形图边框; 关闭 X 轴、Y 轴的标题; 打开数据标签; 标题文本设置为 "销售业绩排名"。

格式设置和效果如图 6-4 所示。

视频 6-1

图 6-4　色彩格式设置与效果

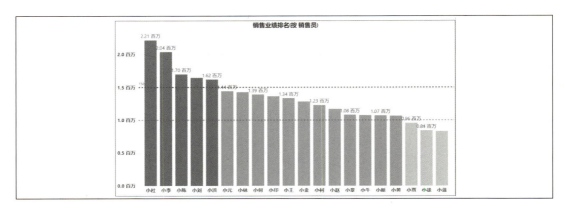

图 6-4　色彩格式设置与效果（续）

任务二　矩阵中的条件格式

乐行车行销售部想回顾 2020 年的销售情况，看看近几年经营重点的变化。拟使用 Power BI 读取销售商品表数据，绘制矩阵，并为矩阵中的数据添加条件格式，以使其直观显示商品大类销售数据的差异。

🔍 操作步骤

⊙ 步骤 1：数据准备

复制 URL，打开 Power BI，单击"获取数据"的"Web"，单击"加载"，将数据加载至模型中，如图 6-5 所示。

图 6-5　商品销售数据获取

▷ 步骤2：生成矩阵

在可视化区域中单击"矩阵"，把"商品名称"和"商品类别"拖至"行"中，把"年""季度""月份""日"拖至"列"中，把"销售数量"拖至"值"中，如图6-6所示。

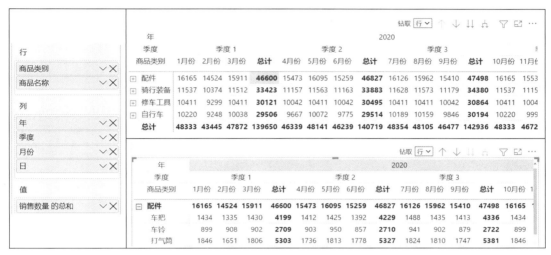

图6-6　矩阵参数设置与数据展示

▷ 步骤3：添加数据条

矩阵样式预设选择"差异最小"；值的大小设置为"21"，行标题和列标题字体大小设置为"21"，加粗；添加矩阵的边框；对日期下钻至季度。

选择"销售数量"字段，单击右键，在弹出的菜单中选择"数据条"，为矩阵添加数据条，如图6-7所示。

视频6-2

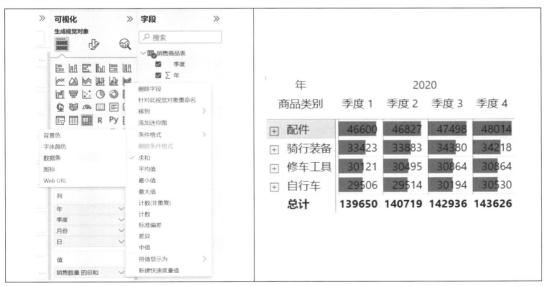

图6-7　"数据条"格式设置

任务三　带预测区的折线图

乐行车行准备在某公园提供租车服务，发展部收集了类似公园租车业务的数据。拟用 Power BI 读取数据，绘制折线图，并使用折线图的预测功能预测未来 90 天的销售金额。

🔍 **操作步骤**

▷ **步骤 1：数据准备**

复制 URL，打开 Power BI，单击"获取数据"的"Web"，单击"加载"，将数据加载至模型中，如图 6-8 所示。

图 6-8　销售预测数据获取

▷ **步骤 2：生成折线图**

在可视化区域中选择"折线图"，把"日期"拖至"X轴"中，把"销售额（万元）"拖至"Y轴"中，如图 6-9 所示。

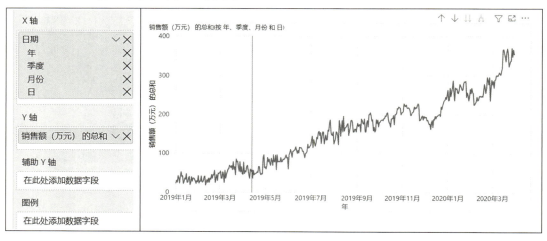

图 6-9　折线图参数设置与数据展示

▷ **步骤 3：预测未来 90 天的销售金额**

修改折线图颜色（颜色自选）；标题文本设置为"销售金额预测"，字体大小设置为"15"，加粗并居中；添加折线图边框。单击"🔍"，在弹出的选项卡中，将"单元"设置为"天","预测长度"设置为"10","季节性（点）"选择"自动"，如图 6-10 所示。调整预测长度，查看预测区域的变化。

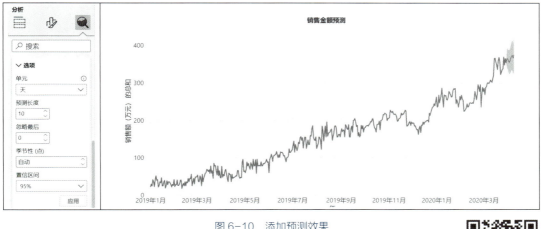

图 6-10　添加预测效果

视频 6-3

任务四　制作饼图和环形图

美达电子有限公司主要生产汽车领域的电子仪器，有三条生产线，由于资产设备种类较多，日常需要对固定资产设备使用率进行监控。现有其生产线的数据，请使用 Power BI 制作一份数据报表。

🔍 操作步骤

⊘ 步骤 1：数据准备

复制 URL，打开 Power BI，单击"获取数据"的"Web"，单击"加载"，将数据加载至模型中，如图 6-11 所示。

图 6-11　固定资产数据读取

⊘ 步骤 2：生成卡片图

单击"卡片图"，将"编号"拖动到"字段"中，同时修改"编号"字段计算方法为"计数";单击格式中的"常规"选项卡,修改标题为"固定资产数量",复制视觉对象,将编号计数调整为"实际使用时间""计划使用时间",如图 6-12 所示。

设置卡片图字体为粗体,标题居中,添加视觉对象边框,调整圆角像素,关闭类别标签,调整标签单位,查看格式设置对效果图的影响。

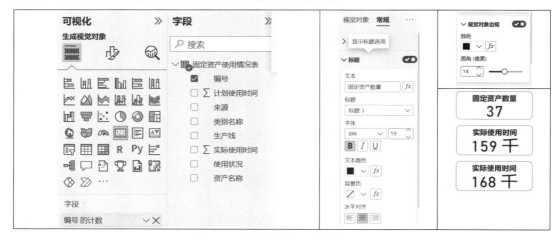

图 6-12　卡片图参数设置与数据展示

⊙ **步骤 3：生成饼图、环图**

单击"饼图",将"使用状况"拖动到"图例",将固定资产"编号"拖动到"值";修改"编号"字段计算方法为"计数";数据标签选择"数据值,总百分比";修改标题为"固定资产使用状况",如图 6-13 所示。

复制"饼图"视觉对象,使"饼图"处于选定状态,单击视觉对象中的"环图",则饼图自动调整为环图;将"来源"拖动到"图例"中,修改图名为"固定资产来源"。

复制"饼图"视觉对象,使"饼图"处于选定状态,单击视觉对象中的"环图",则饼图自动调整为环图;将固定资产"使用标识"拖动到"图例"中,修改图名为"固定资产使用标记"。

图 6-13　固定资产使用状况饼图参数设置与效果

⊙ 步骤 4：计算固定资产使用率

进入数据视图，单击"新建列"，在公式栏中依次输入公式：

固定资产使用率 = DIVIDE([实际使用时间],[计划使用时间])

固定资产使用标识 = SWITCH(TRUE(),'固定资产使用情况表'[固定资产使用率]>1,"过度使用",'固定资产使用情况表'[固定资产使用率]>0.8,"合理使用","使用不当")

数据处理结果如图 6-14 所示。

编号	生产线	资产名称	类别名称	来源	使用状况	实际使用时间	计划使用时间	固定资产使用率	固定资产使用标识
P001	生产一线	总装生产流水线-SMM	机器设备	外购	在用	5100	4680	108.97%	过度使用
P002	生产一线	总装生产流水线-HSB	机器设备	外购	在用	4900	4680	104.70%	过度使用
P003	生产一线	总装生产流水线-WP	机器设备	外购	废弃	5070	4680	108.33%	过度使用
P004	生产一线	总装生产流水线-EC	机器设备	外购	在用	5800	4680	123.93%	过度使用

图 6-14　固定资产使用率计算

⊙ 步骤 5：生成簇状柱形图

选择"簇状柱形图"，将"资产名称"拖动到"X轴"，将"固定资产使用率"拖动到"Y轴"，修改标题为"固定资产使用率对比"，选择"居中"、"粗体"；数据标签设置为"百分比"，选择主题为"经典"；在空白处右击画布，在画布格式设置中修改背景颜色。

⊙ 步骤 6：设计仪表板标题

使用"富文本"绘制大屏的标题，文本为"固定资产使用状况分析仪表板"，文本大小设置为"24"，居中，加粗，并设置字体和背景颜色。

调整各饼图、卡片图、文本框等视觉对象位置，最终效果如图 6-15 所示。

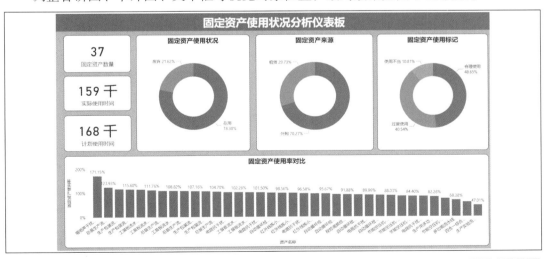

图 6-15　固定资产数据仪表板效果

视频 6-4

任务五　制作切片器

沿用案例导入资料，设置切片器，展示不同类别商品的销售情况。

🔍 操作步骤

⊙ 步骤 1：数据准备

复制 URL，打开 Power BI，单击"获取数据"的"Web"，单击"加载"，将数据加载至模型中，查看并分析加载的数据；数据较为干净，可以跳过清洗步骤，如图 6-16 所示。

图 6-16　销售情况表数据获取

⊙ 步骤 2：生成堆积柱形图

在可视化窗格中选择"堆积柱形图"，将"商品类别""商品名称"拖至"X 轴"中，将"销售成本""销售利润"拖至"Y 轴"中，生成堆积柱形图，如图 6-17 所示。

读者可根据自己的习惯进行格式调整，如关闭 X 轴、Y 轴的标题；打开数据标签；将标题文本设置为"销售成本利润情况"，字体大小设置为"15"，加粗并居中；添加边框等。

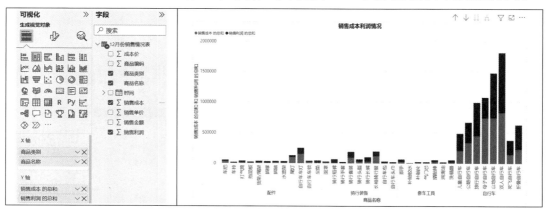

图 6-17　堆积柱形图设置与效果

> 步骤 3：添加切片器

单击切片器，将"商品类别"拖至"字段"中，选择某类商品，可查看堆积柱形图的变化，如图 6-18 所示。

将切片器的样式设置为"列表"，并将切片器调整至适当位置，关闭切片器标头，查看调整后的效果。

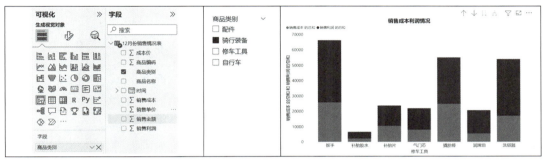

图 6-18　切片器设置与数据展示

视频 6-5

任务六　制作卡片图和多卡图

乐行车行将近几年的销售数据整理到一张 Excel 表中。公司决定将销售成本、利润等以卡片图的形式在公司财务部电子显示屏上进行展示，并使用多卡图展示每种商品的成本、利润与销售额。

🔍 操作步骤

> 步骤 1：数据准备

复制 URL，打开 Power BI，单击"获取数据"的"Web"，单击"加载"，将数据加载至模型中，如图 6-19 所示。

图 6-19　数据获取

> 步骤 2：销售数据"卡片图"展示

在可视化窗格中选择"卡片图"，把"销售利润"拖到"字段"，关闭类别标签；调整标注值单位为"无";修改卡片图标题为"销售金额",勾选视觉对象边框;复制"销售金额"的卡片图,将字段替换为"销售成本"和"销售利润",并修改标题,如图 6-20 所示。

图 6-20 卡片图设置与展示

▷ 步骤 3:销售数据"多卡图"展示

在可视化窗格选择"多卡图",把"商品名称""商品类别""销售数量"添加到"字段"中,如图 6-21 所示。

图 6-21 多卡图设置与展示

读者自主完成多卡图背景、边框和字体大小、颜色等设置。

视频 6-6

📖 知识总结

一、可视化视觉效果

数据可视化的目的是让数据更易于理解。Power BI 拥有 20 多个内置的可视化对象和上百个自定义可视化图形，用户可以轻松使用可视化分析来有效传达信息。

在进行数据可视化操作时，对于选择怎样的图表以达到最佳效果，可从两个方面考虑：①数据想表达什么；②各类型图表的特性是什么。

进行数据可视化操作时，究竟选择哪种图表可更方便地呈现数据背后的含义？我们根据实际应用效果作了总结，如表6-1所示。

表6-1　图表选择参考

分类	子分类	图表	解　释
比较	实际值与目标值对比	仪表图（或称油量表）、马表图	实际值与目标值比较，关注目标值的完成情况
		百分比仪表图（或称进度图）	实际值相对于目标值的占比情况（比如90%）
	项目与项目对比	柱形图	适合1~2个维度数据的比较（数据不多的情形）
		条形图	适合1~2个维度数据的比较（数据较多的情形）
		雷达图	适合3个或更多个维度数据的对比
		文字云（或称词云图）	过滤大量低频文本，快速提取高频文本
		树状图	用矩形大小比较同维度下不同的数据
		热力图	通过颜色深浅来表示两个维度数据的大小
	地域与地域对比	地图	不同地域间的数据比较，点越大，数据值越大
序列	连续、有序类别的数据波动（趋势）	折线图、面积图、柱形图	常用于显示随时间变化的数值；折线图和面积图可以展示多个维度的变化数据
	各阶段递减过程	漏斗图	将数据自上而下分成几个阶段，每个阶段的数据都是整体的一部分
描述	关键指标	卡片图（或称指标卡）	突出显示关键数据
	数据分组差异	直方图	将数据根据差异进行分类展示
	数据分散	箱线图（或称盒须图）	展示数据的分散情况（最小值、中位数、最大值等）
	数据相关性	散点图、气泡图	识别变量之间的关系
	人或事物之间的关系	关系图	表示人或事物之间的关系
构成	占比	饼图、环形图、南丁格尔玫瑰图	展现某一维度下不同数值的占比情况
	多类别部分到整体	堆积图、百分比堆积图	展现多个维度下某一维度不同数值的部分和整体情况
	各成分分布情况	瀑布图	表达最后一个数据点的数据演变过程

二、Power BI主题添加

Power BI主题是所有视觉对象格式的标准定义，它包含调色板、字体、字号以及各种细节的格式定义。应用主题后，Power BI报表中的所有视觉对象会立刻获得统一的格式设置。Power BI报表主题确保了报表中的各个部分，如图表、表格、切片器等，都保持一致的外观和风格，这有助于提升报表的整体美观度，也能使读者更快速地理解报告的内容和重点。

PowerBI 主题有内置主题和自定义主题，内置主题提供了随 Power BI Desktop 软件安装时一起预先导入的配色方案，可以在"视图"功能中查看这些主题；对自定义主题可通过 Power BI 主题库进行访问，该主题库中有丰富的自定义主题，主题的格式是 json 文件，可以下载到本地，如图 6-22 所示。

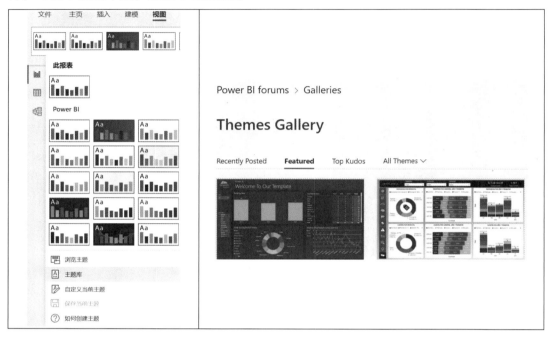

图 6-22　主题选择与模板下载

这些主题以 json 文件保存，使用者可以根据需要进行添加，添加的方法是：点击视图中主题右边的下拉三角，在弹出的主题添加界面中单击浏览主题，在准备好的资料中找到 json 主题文件，之后在视图菜单下选择所要添加的主题，如图 6-23 所示。

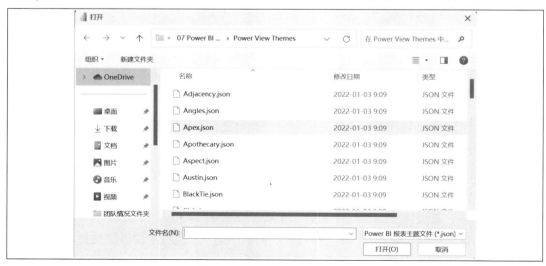

图 6-23　Power BI 主题的添加

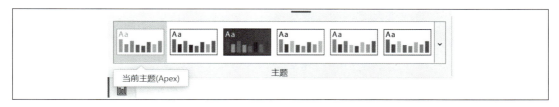

图 6-23　Power BI 主题的添加（续）

🏆 技能强化

1.利用Power BI获取某公司 2021 年期初期末的坏账准备分布明细表，并对数据进行处理，用"堆积柱形图"展示不同关联方的期末坏账准备在各项目上的分布情况。

【任务要求】

图表选择：使用"堆积柱形图"展示不同关联方的期末坏账准备在各项目上的分布情况。

格式设置：关闭X轴、Y轴的标题；显示数据标签；标题文本设置为"坏账准备分布"，字体大小为"15"，加粗，居中；添加视觉对象边框，设置圆角（像素）为"10"。

2.某公司供应商订单数据存放在表格中，现需要对比不同供应商的及时交货率。使用Power BI获取数据，使用"丝带图"展示不同供应商的及时交货率对比情况。

【任务要求】

图表选择：使用"丝带图"展示不同的供应商在各月份（单据日期）的及时交货率情况。

新建度量值"平均及时交货率"，筛选出订单数量大于未收数量的有效数据，并计算平均及时交货率。

格式设置：关闭X轴、Y轴的标题；标题文本设置为"供应商及时交货率"，字体大小设置为"18"；添加数据标签；添加边框，圆角（像素）设置为"10"。

3.兴能一汽制造是一家汽车零部件企业，其仓储部（下属 4 个部门）进行盘点时发现了盘亏的现象。为了及时掌握公司存货情况，仓储部拟通过Power BI制作一份数据报表，以便更好地对公司存货进行管理。

【任务要求】

具体任务要求如表 6-2 所示。

表 6-2　任务要求

任务	视觉对象	标题	参考位置
任务 1 分析仓储部的盘差数量分布	簇状柱形图	仓储部的盘差数量分布	高度 301；宽度 856；水平 23；垂直 83
任务 2 分析盘差的盘亏原因	环形图	盘亏原因分析	高度 301；宽度 372；水平 892；垂直 83

续表

任务	视觉对象	标题	参考位置
任务 3 分析存货盘差数量分布	树状图	存货盘差数量分布	高度 299；宽度 1241；水平 23；垂直 400
任务 4 制作仪表板标题	文本框	兴能一汽存货盘点分析仪表板	高度 68；宽度 1264；水平 0；垂直 0

项目六技能强化

⊚ 学习目标

知识目标

1. 了解将静态视觉效果转换为动态视觉效果的方法。
2. 全面了解视觉效果的图元，提升数据展示能力。
3. 具备自定义视觉效果的添加知识，掌握更多的视觉对象知识。

技能目标

1. 能使用切片器通过交互关系设置，调整报表页面效果。
2. 能为气泡图、卡片图、圆环图添加图表元素。
3. 会自主下载自定义视图，并熟练设置图表元素。

素养目标

1. 养成探索视觉对象，丰富数据展示知识的习惯。
2. 培养创新意识和自主调整视觉效果的能力。
3. 培养爱岗敬业的工作态度，激发学习数据可视化技术的信心与兴趣。

项目七课件　　　　　项目七资源

项目导图

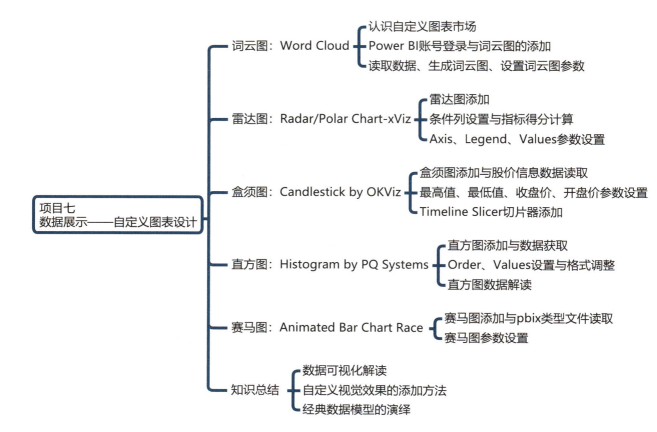

词云图：Word Cloud
- 认识自定义图表市场
- Power BI账号登录与词云图的添加
- 读取数据、生成词云图、设置词云图参数

雷达图：Radar/Polar Chart-xViz
- 雷达图添加
- 条件列设置与指标得分计算
- Axis、Legend、Values参数设置

盒须图：Candlestick by OKViz
- 盒须图添加与股价信息数据读取
- 最高值、最低值、收盘价、开盘价参数设置
- Timeline Slicer切片器添加

项目七
数据展示——自定义图表设计

直方图：Histogram by PQ Systems
- 直方图添加与数据获取
- Order、Values设置与格式调整
- 直方图数据解读

赛马图：Animated Bar Chart Race
- 赛马图添加与pbix类型文件读取
- 赛马图参数设置

知识总结
- 数据可视化解读
- 自定义视觉效果的添加方法
- 经典数据模型的演绎

 案例导入

为应对全球经济下滑，叮叮猫商贸公司准备实施战略收缩。拟通过对 2016—2020 年省级区域的销售情况进行分析，了解区域经营的稳定性，退出部分销售情况不太好的区域。分析人员使用自定义视觉效果，对地区销售情况做了动态分析。

要求：为 Power BI 报表添加赛马图（Animated Bar Chart Race）视觉效果，并进行数据展示。

效果图（排名前十）：

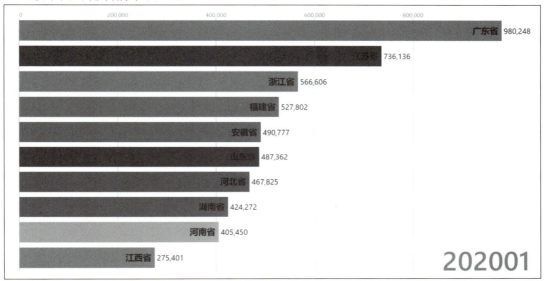

📊 任务实施

任务一　制作词云图

叮叮猫商贸公司拟在公司网站中展示各时间段销售情况，为了提升展示效果，拟采用词云图展示各时间段、省级区域商品销售情况，请为 Power BI 添加词云视觉对象。

🔍 操作步骤

⊙ **步骤 1：数据准备**

打开 Power BI，单击"文件"，在弹出的活动菜单中单击"打开报表"，选择目标文件，单击"打开"，如图 7-1 所示。

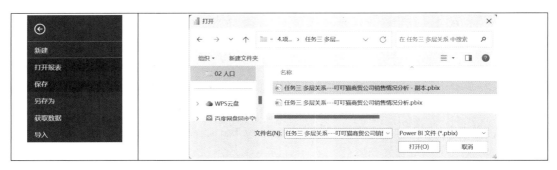

图 7-1　pbix 文件读取

> 步骤 2：数据整理，添加词云图（Word Cloud）视觉对象

选择表视图，在列工具菜单中点选择"新建列"，在公式栏中录入输入公式：

年月 = year('销售订单表'[订单时间])&format('销售订单表'[订单时间],"MM")

在可视化窗格中单击"获取更多视觉对象"，在弹出的对话框中搜索"Word Cloud"，单击进入添加页面，按要求进行添加。主要步骤如图 7-2 所示。

图 7-2　新建列与词云图添加

> 步骤 3：创建词云图并设置参数

选择报表视图，单击新添加的视觉对象，添加视觉效果。

创建产品销售词云图。将"产品类别"拖动到"类别"，将"销售金额"拖动到"值"，生成视图；默认文本有一定角度旋转，关闭"旋转文本"，得到产品销售分析词云图，如图 7-3 所示。

创建省级区域销售词云图。将"省"拖动到"类别"，将"销售金额"拖动到"值"，生成省级区域销售分析词云图，如图 7-3 所示。

图 7-3　销售数据词云图设置和展示

视频 7-1

任务二　制作雷达图

中芯国际财务部为保证公司经营处于正常状态，构建了财务司库系统，该系统实时收集行业指标信息，并计算本公司财务指标。财务部决定将这些指标应用起来，作为将公司控制在正常经营范围内的判断依据。拟使用 Power BI 获取本公司与行业财务指标数据，并绘制雷达图。

🔍 操作步骤

⊙ **步骤 1：数据准备**

将地址复制粘贴到浏览器中，将文件下载到桌面。打开 Power BI，单击"获取数据"的"Excel 工作簿"；在弹出的对话框中选择"财务指标分析.xlsx"，单击"直接打开"，选择"Sheet1"，单击"加载"，将数据加载至模型中，如图 7-4 所示。

图 7-4　财务指标数据获取

项目	指标名称	实际值	行业平均值
流动性	流动比率	2.41	2.13
	速动比率	0.73	0.38
	应收账款周转率	18.95	7.895
	存货周转率	0.55	0.63
收益性	销售利润率	0.205	0.085
	净资产收益率	0.115	0.106
成长性	主营业务收入增长率	0.202	0.395
	净利润增长率	0.619	0.418
	权益资本增长率	0.319	0.391
安全性	资产负债率	0.594	0.549
	利息保障倍数	13.765	7.632

图 7-4　财务指标数据获取（续）

⊙ 步骤 2：数据处理

在数据视图中浏览数据，发现需要进行数据处理。单击"转换数据"，进入 Power Query，选择"项目"，在转换菜单下选择任意列功能框，单击"向下填充"。单击"添加"列下的"自定义列"，输入新列名"比值 1"，在自定义列公式中输入"=[实际值]/[行业平均值]"生成比值 1，如图 7-5 所示。同理生成比值 2。比值 1、比值 2 公式设置如下：

比值 1=[实际值]/[行业平均值]

比值 2=[行业平均值]/[实际值]

图 7-5　自定义列设置

将"比值"列数据类型修改为"小数"，单击添加列菜单下的"条件列"，根据图 7-6 所示输入信息，关闭并应用，返回 Power BI 主界面。

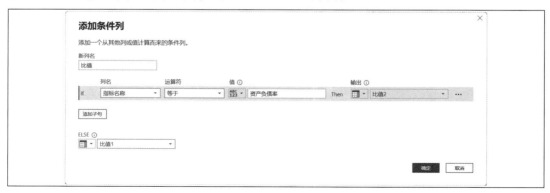

图 7-6　添加列设置

⊙ 步骤 3：添加雷达图（Radar/Polar Chart-xViz）

单击可视化界面中的"获取更多视觉对象"，在弹出的应用中搜索"Radar"，选择 "Radar/Polar Chart-xViz"，单击对应的应用按钮，在弹出的对话框中单击"添加"，加载雷达图视觉对象。

将"指标名称"拖动到"Axis"中，将"比值"拖动到"Value"中生成雷达图。但是这个雷达图的指标名称是按照比值大小进行排序的，这里重新设置为按指标名称排序，得到新的雷达图，如图 7-7 所示。

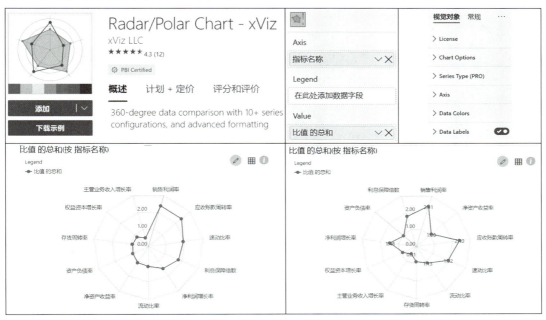

图 7-7　雷达图参数设置与最终视觉效果

视频 7-2

任务三　制作盒须图

科云大数据中心定时接收财经网站上的上市公司交易数据，厦门科云信息科技有限公司投资部计划将浮游资金利用起来，利用二级市场获取短期收益。在很多备选公司中，选中了万科，同时按照流程，投资部还要进一步研究二级市场中万科股票表现，以确定最佳投资时机。请进入科云大数据中心，下载该公司每日股价，绘制K线图，并展示某一时间段的股价波动。

操作步骤

步骤 1：数据准备

进入科云大数据中心，搜索万科企业股份有限公司（000002）股价信息表，并下载，保存到自己专用的文件夹中。打开Power BI，数据源选择"csv"，系统读入数据。主要步骤如图 7-8 所示。

图 7-8　万科股价数据获取

步骤 2：添加盒须图（Candlestick by OKViz）

在可视化界面中单击"获取更多视觉对象"，在弹出的对话框中，选择"Candlestick by OKViz"，单击"添加"，回到可视化界面，可以看到视觉效果已经加载，如图 7-9 所示。

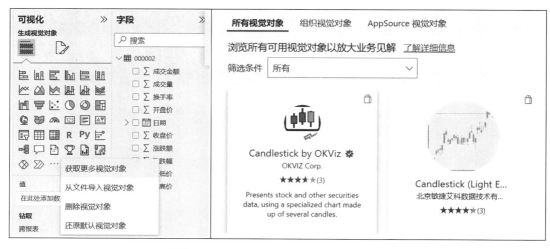

图 7-9　Candlestick by OKViz 视觉对象添加

⊙ 步骤3：设置K线参数

单击Candlestick by OKViz可视化效果，将"开盘价"拖动到"Open"，将"收盘价"拖动到"Close"，将"最高价"拖动到"High"，将"最低价"拖动到"Low"。设置"Y-Axis"的"Start"值为"10"，"End"值为"18"，目的是使K线大一些，但实际上效果仍然很差，如图7-10所示。

图7-10　K线图设置与效果

⊙ 步骤4：添加时间切片器（Timeline Slicer）

单击"获取更多视觉对象"后，查找Timeline Slicer，并添加。单击日期中的"M"，选择2023年的6月、7月后，坐标轴与K线发生改变，效果变好，如图7-11所示。读者可自行调整"Candle"中的颜色。

视频7-3

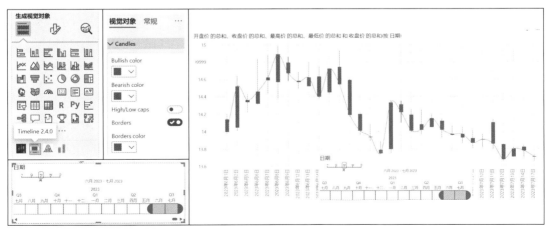

图7-11　添加Timeline Slicer

任务四　制作直方图

读书网拟评选大众畅销图书，其中一项工作是对图书的评分进行分析，查看每一个分段中图书的数量。分析人员已经下载了相关图书信息，拟使用Power BI对图书的评分作直方图分析。

操作步骤

步骤1：数据准备

从课程资料包中读入数据，选择Excel数据源，单击"转换数据"，进入Power Query，单击组合功能框中的"追加查询"，选择"将查询追加为新查询"，关闭并应用，返回Power BI主界面，如图7-12所示。

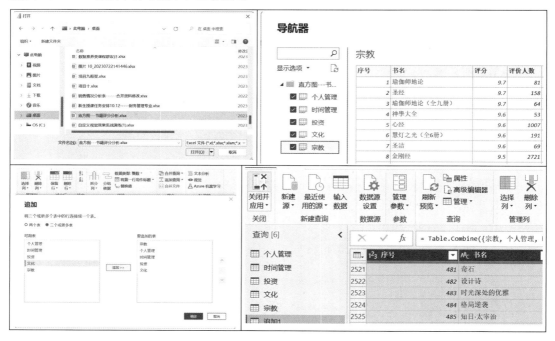

图7-12　多表单数据获取与追加

步骤2：添加直方图（Histogram by PQ Systems）

在可视化界面中选择"获取更多视觉对象"，添加直方图（Histogram by PQ Systems）视觉效果；将"评分"拖动到"Values"中，将"书名"拖动到"Order"中，自动生成直方图；单击"评分"的下拉箭头，选择"平均值"，如图7-13所示。

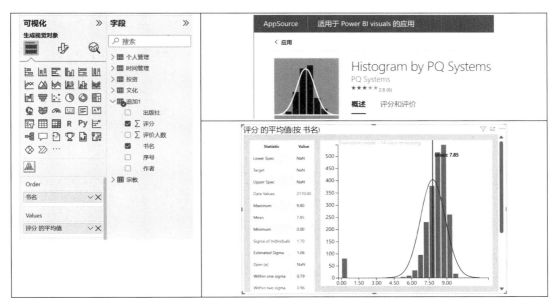

图 7-13　Histogram by PQ Systems 视觉效果添加与视图效果

⊙ **步骤 3：解读直方图参数**

"追加 1"表中的数据有 2550 条，但是直方图显示的是 2170 条。单击"转换数据"，返回 Power Query 界面，选择"书名"列，单击"删除重复项"，最后保留了 2170条，也就是说，在直方图中，可自动删除重复数据。

⊙ **步骤 4：添加"排名"列并筛选**

添加"排名"列，在公式栏中输入公式：

排名 = RANKX('追加 1',[评分])

使用"表"视觉对象，将"书名""评分"添加到"列"字段中，如图 7-14 所示。

视频 7-4

图 7-14　筛选排名前 20 的图书

任务五　制作赛马图

沿用项目四任务三的处理结果，使用赛马图（Animated Bar Chart Race），分析 2016—2020 年销售额情况。

🔍 操作步骤

⟩ 步骤 1：获取基础数据报表

打开 Power BI，选择文件菜单下的"打开报表"，单击"浏览报表"，在弹出的对话框中选择"赛马图---商贸公司销售分析.pbix"，单击"打开"，系统读入报表，单击报表视图下方的"+"号，为赛马图新建报表页，如图 7-15 所示。

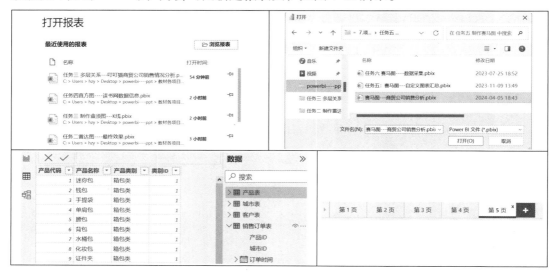

图 7-15　基础数据读入与报表页添加

⟩ 步骤 2：添加赛马图（Animated Bar Chart Race）视觉对象

参照本项目其他自定义视图添加的方法，添加 Animated Bar Chart Race 视觉对象。关键步骤如图 7-16 所示。

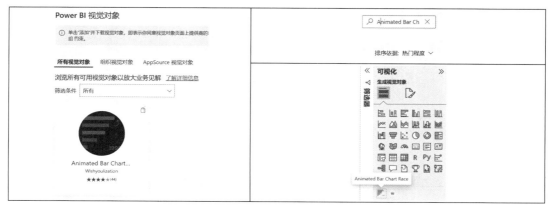

图 7-16　Animated Bar Chart Race 视觉对象添加

> **步骤3：生成赛马图**

单击Animated Bar Chart Race视觉对象图标，生成赛马图框架。将"城市名称"拖动到"Name"，将"销售金额"拖动到"Value"，将"年月"拖动到"Period"，视觉对象开始播放；设置赛马图标题为"各城市销售赛马图"，字体大小为20；在视觉对象设置下的"topN"中输入"10"，则系统显示销售额排名前十的城市。关键步骤与效果如图7-17所示。

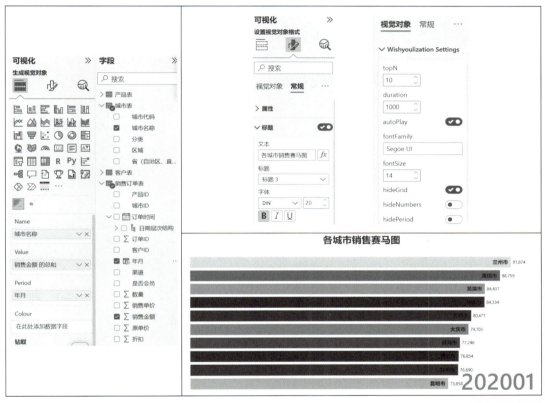

图7-17　赛马图参数设置与效果

知识总结

一、解读数据可视化

数据可视化是一种通过图形、图表或动画等方式将大量数据转化为易于理解和分析的视觉形式的过程。它有助于用户发现数据中的模式、趋势和关联，从而为用户提供决策支持。数据可视化有以下优点。

（1）有利于信息传递，更易理解。数据可视化可以将抽象的数据通过形象的方式直观地呈现，复杂的数据结构和关系可以变得简洁明了，可让人们快速获取重要信息。

（2）发现数据模式和趋势。通过将数据可视化，人们可以更容易地发现数据模式和变化趋势。例如，通过折线图可以快速了解时间序列数据的变化趋势，从散点图中可以看出数据的相关性等。这有助于人们更好地理解数据之间的关系，从而作出准确的决策。

（3）为数据分析提供支持。数据可视化可以帮助人们更好地分析数据，发现其中的规律和异常。通过可视化，人们可以更深入地了解数据的分布、统计特征以及变异程度等，从而更准确地评估数据的质量和可靠性。这对于决策和预测也具有重要意义。

（4）便于分享，促进沟通。数据可视化不仅可以帮助数据分析专家理解数据，还可以将数据传达给其他非专业人士。通过可视化，人们可以更轻松地与他人分享数据，促进沟通和合作。在商业、学术和公共领域，数据可视化的应用越来越广泛。

二、Power BI 中的自定义视觉效果

Power BI 中视觉对象有几百种，这些视觉对象使数据变得生动。可以通过单击内置视觉效果后面的"…"按钮，选择"获取更多视觉效果"，进入 Power BI 视觉对象界面；也可以单击功能框中的"更多视觉对象"，选择"从 AppSource"，进入 Power BI 视觉对象界面。操作步骤如图 7-18 所示。

图 7-18　自定义图表添加方法

一些常用的视觉效果，除了在本项目中所使用的词云图、盒须图、直方图、赛马图等外，还有 Journey Chart、Enlighten Aquarium、Bullet Chart、Waffle Chart、Pulse Chart 等，这些视觉对象因界面友好而受到用户的喜爱。读者可以尝试添加一些新的视觉效果，部分自定义视觉效果如图 7-19 所示。

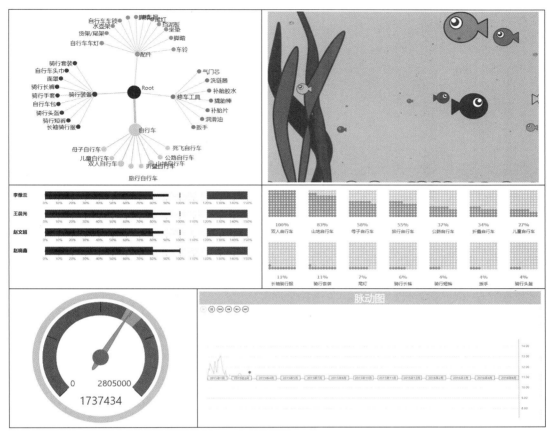

图 7-19　部分自定义视觉效果

三、对经典分析模型的再认识

通过 Power BI，我们可以将一些经典的分析模型以更直观的方式演绎出来，实现经典模型学习、基础数据分析、图形演绎统一。

（一）波士顿矩阵模型

波士顿矩阵（BCG Matrix）又叫市场增长率-相对市场份额矩阵、四象限分析法、产品系列结构管理法等，由美国著名的管理学家、波士顿咨询公司创始人布鲁斯·亨德森于 1970 年建立。波士顿矩阵是一种用于产品或业务组合管理的分析工具，它基于市场增长率和相对市场份额这两个核心指标，将产品或业务划分为不同的类型，从而帮助企业优化资源分配和制订战略规划。

根据市场增长率和相对市场份额组合的不同，波士顿矩阵将产品或业务划分为四个象限，即"明星"业务、"现金奶牛"业务、"问号"业务和"瘦狗"业务。不同的象限代表不同的产品或不同类型的业务，需要企业采取不同的战略进行管理，如图 7-20 所示。

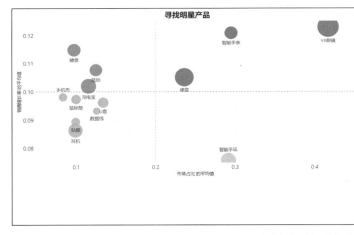

	"明星"业务：销售增长率高，市场占有率高，发展前景好，竞争力强，需加大投资以支持其发展。
	"问号"业务：销售增长率高，市场占有率低，发展前景好但市场开拓不足，需谨慎投资。
	"现金奶牛"业务：销售增长率低，市场占有率高，是成熟市场的领导者，应降低投资，维持市场占有率并延缓衰退。
	"瘦狗"业务：销售增长率低，市场占有率低，利润率低甚至亏损，应采取撤退战略。

图 7-20　波士顿矩阵视觉效果

（二）AARRR 模型

AARRR 模型，又称海盗模型，是硅谷风险投资人戴维·麦克鲁尔提出的一个用户增长模型。该模型关注用户在使用产品前后的整个生命周期，包括获取用户（acquisition）、提高用户活跃度（activation）、提高用户留存率（retention）、获取收入（revenue）和自传播（referral）五个阶段。

获取用户：关注如何吸引和获取新用户，这是产品生命周期的起点。

提高用户活跃度：在获取用户之后，需要引导他们完成指定的动作，例如参与活动、进行消费等，以提高用户的活跃度。

提高用户留存率：在解决了活跃度的问题后，需要关注如何保持用户黏性的问题，以减少用户流失，因为保留一个老用户的成本通常要远低于获取一个新用户的成本。

获取收入：获取收入是很多产品运营的核心目的，通过合理的定价策略和商业模式，实现产品的盈利。

自传播：基于社交网络的病毒式传播已成为获取用户的新途径，通过用户的自发分享和推广，实现产品的快速增长。

在实际分析中，根据研究的需要，可能还需进一步分解。AARRR 模型视觉效果如图 7-21 所示。

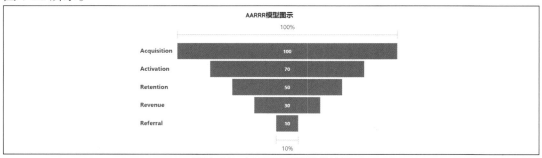

图 7-21　AARRR 模型视觉效果

（三）RFM 模型

RFM模型，是一种应用广泛的客户价值模型，根据最近一次消费时间（recency）、消费频率（frequency）以及消费金额（monetary）这三个核心指标来对客户进行细分和评估，以实现更精准的营销和个性化服务。

具体来说，RFM模型的三个指标分别代表了客户的不同消费特征。

R（recency）：指客户最近一次消费的时间间隔。这一指标有助于了解客户的活跃度。通常来说，最近消费时间越短，客户对商品或服务的兴趣就越大。

F（frequency）：表示客户在一定时间内消费的次数。消费频率越高，意味着客户的满意度和忠诚度也越高，从而客户价值也越大。

M（monetary）：指客户在一定时间内消费的总金额。消费金额越大，客户的消费能力也就越强，对企业贡献的潜力也越大。

综合评估这三个指标，企业将客户分为八类，如图7-22所示，通过该分类企业可以更准确地了解客户习惯，制定更有针对性的营销策略。例如，高价值客户通常表现为RFM得分较高，他们是企业营销的重要目标；而流失客户则可能表现为RFM得分较低，需要企业采取相应措施来挽回。

RFM客户分类 ▼	客户分组	客户人数	客户人数占比
222	重要价值客户	1915	25.51%
221	一般价值客户	1014	13.51%
212	重要发展客户	125	1.67%
211	新客户	1245	16.58%
122	重要保持客户	635	8.46%
121	一般保持客户	471	6.27%
112	重要挽留客户	248	3.30%
111	流失客户	1854	24.70%
总计		**7507**	**100.00%**

图 7-22　RFM 客户分类

🏆 技能强化

1.达凯服饰有限公司主营业务为销售鞋类、服装类、饰品类等产品，其销售遍布全国20个城市，销售渠道分为线上线下、自营代理等。为了更好地安排各区域、各渠道的经营销售工作，需要分析2021年的经营销售情况，以便为管理层提供更好的决策支持。利用Power BI工具制作一份仪表板，并对仪表板进行自定义设置，要求整齐美观。

【任务要求】

具体任务要求如表7-1所示。

表 7-1　任务要求

任务	视觉对象	标题	参考位置
任务 1 分析销售渠道的收入占比	环形图	销售渠道收入占比	高度 285；宽度 314；水平 15；垂直 76
任务 2 分析会员和非会员销售数量走势	折线图	会员和非会员销售数量走势	高度 285；宽度 631；水平 343；垂直 76
任务 3 分析客户性别收入占比	环形图	客户性别收入占比	高度 285；宽度 270；水平 989；垂直 76
任务 4 对不同类型商品的销售城市进行排名	堆积柱形图	销售城市排名	高度 328；宽度 1244；水平 15；垂直 374
任务 5 制作仪表板标题	文本框	达凯服饰经营分析仪表板	高度 70；宽度 1000；水平 1000；垂直 0

2.利用卡片图制作杜邦分析体系，通过新建参数和度量值公式完成数据建模，将相关指标进行可视化设置。

【任务要求】

任务 1：新建参数。

参数信息如表 7-2 所示。

表 7-2　参数信息

参数名称	最小值	最大值	增量
净利润	−1000	2000	100
营业收入	2000	20000	1000
资产总额	100000	1000000	10000
资产负债率	0.1	1.0	0.1

任务 2：新建度量值。

度量值信息如表 7-3 所示。

表 7-3　度量值信息

度量值名称	公式
销售净利率	净利润 / 营业收入
总资产周转率	营业收入 / 资产总额
总资产净利率	销售净利率 * 总资产周转率
权益乘数	1/(1- 资产负债率)
净资产收益率	总资产净利率 * 权益乘数

任务 3：制作卡片图。

对各个卡片图的格式进行自定义设置，要求整齐美观。

3.达凯服饰有限公司 2023 年销售收入为 1000 万元，销售净利率为 10%，净利润的 60% 分配给投资者。2023 年 12 月 31 日的资产负债表（简表）如表 7-4 所示。

表 7-4　资产负债表（简表）

资产	期末余额 / 万元	负债及所有者权益	期末余额 / 万元
货币资金	100	应付账款	40
应收账款	200	应付票据	60
存货	300	长期借款	300
固定资产净值	400	实收资本	400
-	—	留存收益本	200
资产总计	1000	负债及所有者权益总计	1000

【任务要求】

对往年财务数据分析后，发现公司流动资产与流动负债随销售额同比例增减，公司现有生产能力尚未饱和。预计 2024 年销售增长率为—10%~20%，假定 2024 年的销售净利率和利润政策和上一年保持一致，请利用 Power BI 制作该公司外部融资需求量的预测模型。

项目七技能强化

项目八 数据交互

◎ 学习目标

知识目标

1. 掌握数据交互、页面导航的设置方法。

2. 掌握数据筛选、钻取的设置方法。

3. 掌握主题配置文件下载、主题色彩设置的方法。

技能目标

1. 能为多页面数据分析结果设置页面导航。

2. 能根据数据分析结果选择合适的主题色彩。

3. 能设置页面内动态效果。

素养目标

1. 具有一定的美学素养，形成独立的数据可视化设计风格。

2. 能认真研究数据展示方法，具有不断调整设计的工匠精神。

3. 具有自主学习的能力，能利用Power BI网站进行探索学习。

项目八课件

项目八资源

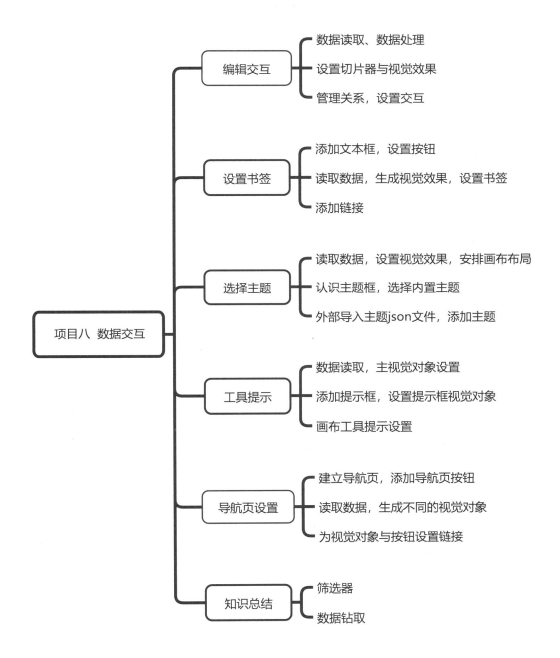

项目导图

项目八 数据交互

编辑交互
- 数据读取、数据处理
- 设置切片器与视觉效果
- 管理关系，设置交互

设置书签
- 添加文本框，设置按钮
- 读取数据，生成视觉效果，设置书签
- 添加链接

选择主题
- 读取数据，设置视觉效果，安排画布布局
- 认识主题框，选择内置主题
- 外部导入主题json文件，添加主题

工具提示
- 数据读取，主视觉对象设置
- 添加提示框，设置提示框视觉对象
- 画布工具提示设置

导航页设置
- 建立导航页，添加导航页按钮
- 读取数据，生成不同的视觉对象
- 为视觉对象与按钮设置链接

知识总结
- 筛选器
- 数据钻取

案例导入

　　财务人员为迪卡侬销售情况作了分析，并根据分析的不同主题，设置了不同的页面：整体分析、产品大类分析、月份分析、地区分析。财务人员认为，出于方便阅读者考虑，还应具有页面之间的直接跳转功能、与切片器的交互功能。

　　要求：为页面设置交互功能，并阐述 Power BI 中设置交互的方法。

　　效果图：

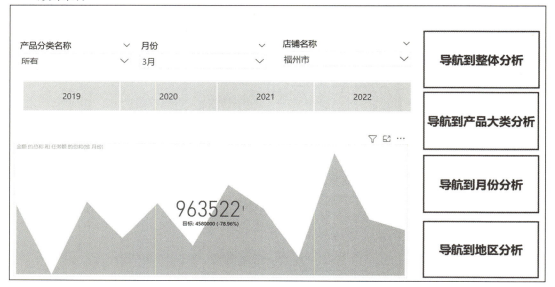

任务实施

任务一　编辑交互

　　某医院下设儿科、妇产科、内科、外科、肿瘤科五个科室，为社区民众提供医疗服务。为更合理地安排资源，对各科室患者进行统计分析，以提高服务质量，并将数据连接到网站中。拟使用 Power BI 读取数据，制作一份医院患者与就诊情况的数据报表。

操作步骤

⊘ 步骤 1：数据准备
复制 URL 至 Power BI 中，单击 "获取数据" 的 "Web"，获取数据，如图 8-1 所示。

图 8-1　医院接诊数据获取

> **步骤 2：展示患者就诊科室和就诊医师类别分布情况**

新建度量值"患者人数"，在公式栏中输入公式：

患者人数 = COUNT(Sheet1[序号])

单击可视化视觉对象的"矩阵"，将"医师类别"拖至"行"中，将"就诊科室"拖至"列"中，将"患者人数"拖至"值"中；添加行、列小计；单击可视化视觉对象的"簇状柱形图"，将"就诊科室"拖至"X 轴"，将"患者人数"拖至"Y 轴"，如图8-2 所示。

选择矩阵的样式预设为"差异最小"；值的字体大小设置为"15"；行标题和列标题大小设置为"12"。

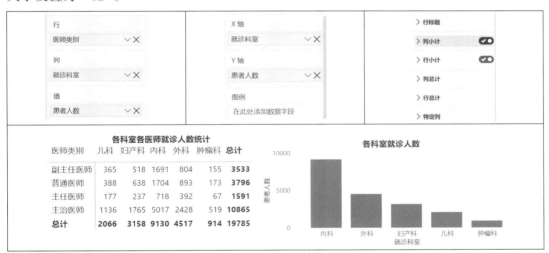

图 8-2　患者就诊科室和就诊医师类别分布数据展示

> **步骤 3：展示患者年龄分布、接诊医师类别分布情况**

新建"饼图"，将"患者年龄"拖至"图例"中，将"患者人数"拖至"值"中。新建"饼图"，将"医师类别"拖至"图例"中，将"患者人数"拖至"值"中；标签内容设置为"数据值，总百分比"格式。主要步骤和结果如图 8-3 所示。

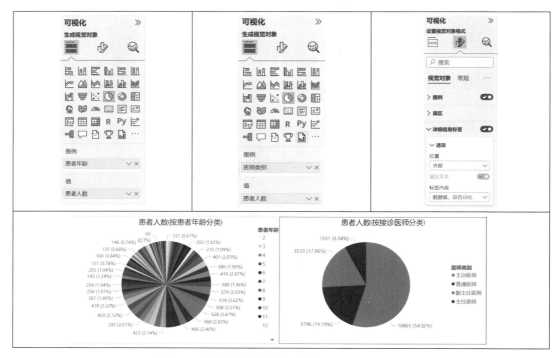

图 8-3　生成患者年龄分布、接诊医师类别分布饼图

> **步骤 4：展示患者入院状态分布情况**

新建"环形图"，将"是否急诊"拖至"图例"中，将"患者人数"拖至"值"中；新建"环形图"，将"是否住院"拖至"图例"中，将"患者人数"拖至"值"中；新建"环形图"，将"是否已出院"拖至"图例"中，将"患者人数"拖至"值"中。标签内容统一设置为"数据值，总百分比"格式；新建"切片器"，将"就诊科室"拖至"字段"中，将切片器方向设置为"水平"。

调整布局，将本步骤图表与步骤 2、3 中的视图合并在一个页面中，如图 8-4 所示，为编辑交互的实施创造条件。

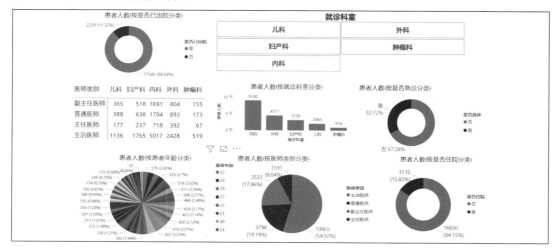

图 8-4　视图布局

> 步骤5：编辑交互与主题选择

选中切片器，单击"编辑交互"，单击矩阵和柱状图的"◎"，使之变为"●"（此操作使切片器与这两个视觉对象失去关联）。单击切片器的各个科室，查看是否设置成功。单击视图菜单下的主题功能，选择"城市公园主题"，效果如图8-5所示。

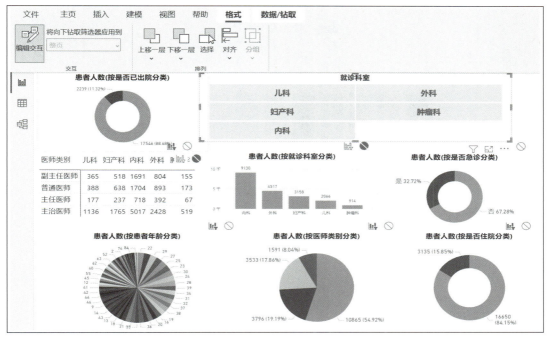

图8-5　选择主题后的效果

视频8-1

任务二　设置书签

秦时科技为加速业务发展，用一年的时间不断进行内外部融资。为反映各月份融资的规模，制订合理的还款计划，公司拟使用Power BI获取内外部融资数据，绘制百分比柱形图和堆积柱形图展示内外部融资情况。

🔍 操作步骤

> 步骤1：生成各月内外部融资情况堆积柱形图

采用Web数据读取方法获取数据，在Power BI主界面，选择"堆积柱形图"，将"月份"拖至"轴"中，将"内部融资"和"外部融资"拖至"值"中，设置标题为"内外部融资金额对比"；复制粘贴刚生成的堆积柱形图，选择该堆积柱形图，单击"百

分比堆积柱形图"，设置标题为"内外部融资占比分析"。主要步骤和柱形图效果如图
8-6 所示。

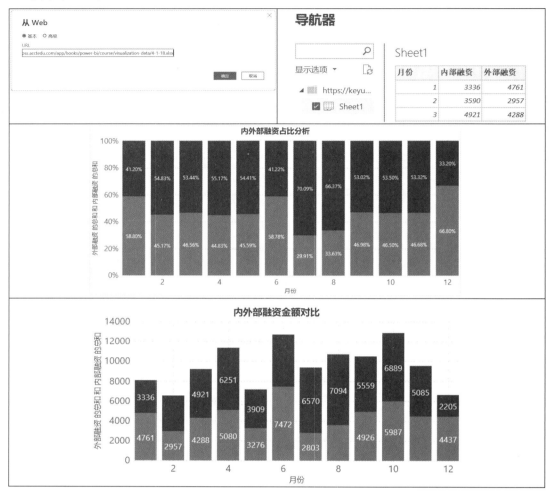

图 8-6　内外部融资数据获取与数据展示

> ▷ **步骤 2：设计标题**

插入"形状"中的"药丸"，输入文本"内外部融资金额对比"，字体大小设置
为"20"；复制刚生成的"药丸"形状，将文本修改为"内外部融资百分比对比"，调整
形状。

> ▷ **步骤 3：设计书签**

新建"内外部各月融资分布"的书签，单击"选择"，隐藏"内外部融资百分比对
比"所在分层；新建一个书签，将书签命名为"内外部融资金额对比"，如图 8-7 所示。
用同样的操作，新建"内外部融资百分比对比"书签。

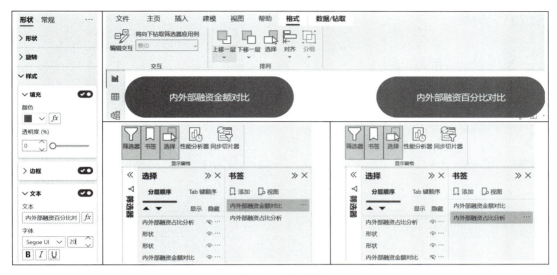

图 8-7　书签设置

▷ **步骤 4：设置书签链接**

单击"内外部融资金额对比"图形，在"操作"中添加对应的书签，用同样的方法添加"内外部融资百分比对比"书签；按住 Ctrl 键，单击标题，可在同一个区域内切换图形，如图 8-8 所示。

视频 8-2

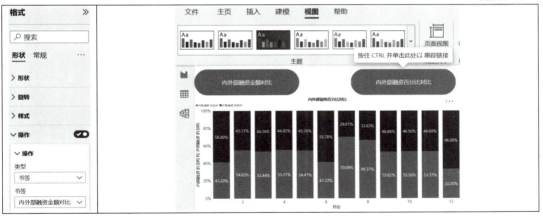

图 8-8　书签链接设置

任务三　选择主题

重庆龙健金属制造有限公司为完成工作任务，五个生产车间同时运行。为呈现各车间的加工订单数量和订单完成情况，拟使用 Power BI 获取数据，对公司车间加工数据进行可视化布局设计。因为财务人员没有美工基础，拟选用 Power BI 中的主题功能对页面进行整体配色。

🔍 操作步骤

▷ 步骤 1：准备数据

复制数据源 URL 至 Power BI，单击"获取数据"中的"Web"，将数据加载至模型中，如图 8-9 所示。

图 8-9 各车间产品加工数据获取

▷ 步骤 2：计算已收数量

单击"新建列"，在公式栏中输入公式：

已收数量 = [加工数量] - [未收数量]

▷ 步骤 3：生成产品加工情况柱状图

在可视化视觉对象中，单击"堆积柱状图"，将"单据日期"添加至"轴"中，将"已收数量"和"未收数量"添加至"值"中；单击"卡片图"，将"加工数量"拖至"字段"中；复制粘贴卡片图两次，将"未收数量"和"已收数量"分别拖动到不同的卡片图中；单击切片器，将"车间名称"添加至"字段"中，并设置为水平显示。

调整柱形图、切片器、卡片图位置，使页面整齐美观。主要步骤和结果如图 8-10 所示。

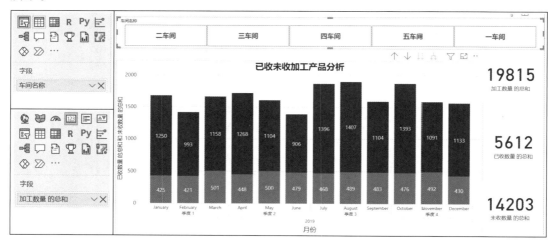

图 8-10 各车间产品生产状态柱状图设置与数据展示

▷ 步骤 4：添加主题

单击"视图"中的一种主题（自选），查看不同的主题带来的视觉效果的差异，如

图 8-11 所示。

图 8-11 不同主题效果

视频 8-3

任务四 工具提示

重庆龙健金属制造有限公司拟使用Power BI完成两个任务：①按月反映交货的数量；②反映每月各车间交货情况，以进行实时监控。

🔍 操作步骤

▷ 步骤 1：准备数据

复制数据源 URL 至 Power BI，单击"获取数据"中的"Web"，将数据加载至模型中，如图 8-12 所示。

图 8-12　各车间交货数据获取

▷ 步骤 2：数据处理

进入 Power Query，选择"交货日期"列，在添加列菜单中选择从"月"到"月"；为"月份"列添加后缀"月"；选择新生成的"月份"列，单击"重复列"得到"月份-复制"选项；选择"月份"列，单击"按列排序"，选择"月份-复制"。主要步骤如图 8-13 所示。

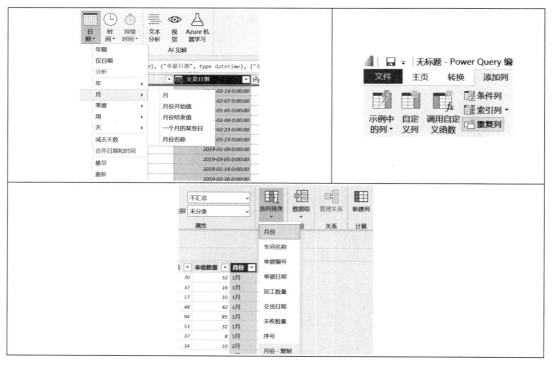

图 8-13　交货数据处理

⊙ 步骤3：生成各月份交货数量柱形图

选择"柱形图"，将"月份"拖动到"X轴"，将"加工数量"拖动到"Y轴"。调整X轴、Y轴坐标值为15，删除坐标轴标题，添加视觉对象标题，将柱形图标题字体设置为黑体，字号为21，居中。主要步骤和结果如图8-14所示。

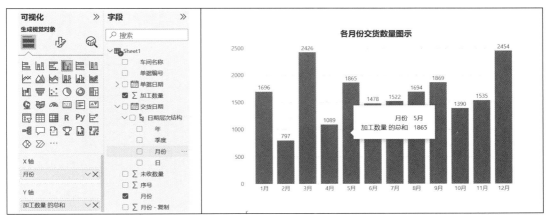

图8-14　各车间交货数据柱形图设置与结果

⊙ 步骤4：设置提示图

单击页标签后面的"+"号，添加新页，将其命名为"工具提示"。添加卡片图，将"月份"拖动到"字段"中；添加饼图，将"车间名称"拖动到"图例"中，将"加工数量"拖动到"值"，如图8-15所示。

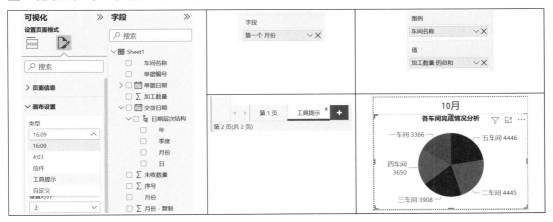

图8-15　提示图设置

⊙ 步骤5：显示提示图

回到第一页，选中"柱形图"，选择格式中的"常规"，点开"工具提示"菜单，在选项中选择"工具提示"。将鼠标移动到各个月份的柱形上，页面会自动展示饼图，如图8-16所示。

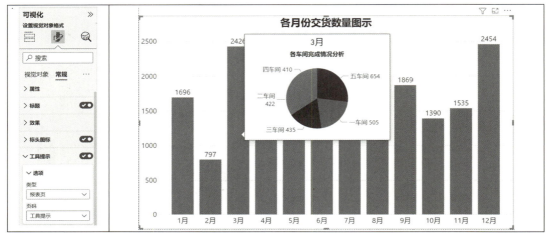

图 8-16　提示图显示

视频 8-4

任务五　导航页设置

沿用案例导入资料，为页面设置导航交互功能。

> **步骤 1：新建导航页**

单击"新建页"，在新建页中，设置切片器：产品分类名称、月份、店铺名称。添加 KPI 视图，将"任务额"拖动到"目标"中，将"金额"拖动到"值"中，将"月份"拖动到走向轴。单击插入菜单下的按钮，选择空白框，在空白框中输入：导航到整体分析、导航到产品大类分析、导航到月份分析、导航到地区分析。结果如图 8-17 所示。

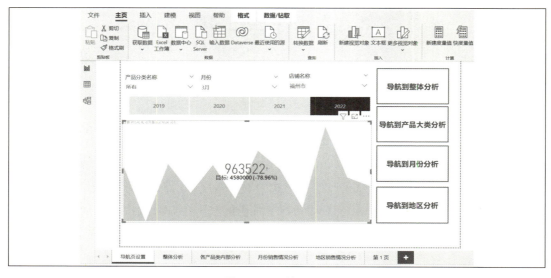

图 8-17　导航页设置

⊙ **步骤 2：同步切片器**

分别单击"产品分类名称""月份""店铺名称"，设置同步切片器，参数设置如图 8-18 所示。

图 8-18　同步切片器设置

⊙ **步骤 3：将各页面设置为标签，设置导航功能**

单击步骤 1 中设置的"导航到整体分析"按钮，单击格式框中的"操作"，在"类型"中选择"书签"，在"书签"中选择"整体分析"，同理设置另外三个导航按钮，如图 8-19 所示。返回导航页，按住 Ctrl 键，单击导航按钮，查看能否链接到相关页面。

图 8-19　书签设置

⊙ **步骤 4：为各页面添加动态调整功能**

选择"月份销售情况分析"报表页，标题中间设置 10 个空格；增加卡片图，将日期表中的"月份"拖动到"字段"中；在插入菜单下单击"上一步"按钮，单击"操作"，在"类型"中选择"书签"，在"书签"中选择"导航页设置"；按住 Ctrl 键，单击导航按钮，回到导航页；选择日期切片器，选择"3 月"，回到"月份销售情况分析"报表页，查看月份是否刷新，相关可视化效果的数据是否调整，如图 8-20 所示。

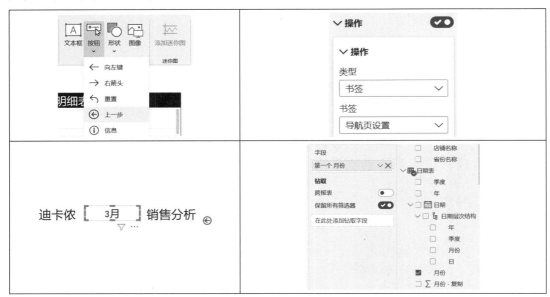

图 8-20　动态标题设置

知识总结

一、筛选器

Power BI Desktop 的筛选器包括三个层级，依次是视觉对象级、单个页面级和所有页面（报表）级，如图 8-21 所示。

视觉对象筛选器只对单个视觉对象（如图表）上的数据进行筛选条件。这些筛选器仅对特定的视觉对象起作用，帮助用户更精确地控制该对象所展示的数据。视觉对象筛选器通常基于组成该对象的字段，允许用户对这些字段进行编辑、隐藏、锁定、重命名或排序，但不能删除，因为视觉对象需要引用这些字段。

页面级筛选器则应用于报告中的一个或多个页面。当用户在页面级筛选器中设置筛选条件时，整个页面上的所有视觉对象都会根据这些条件进行变化。这意味着页面级筛选器能够影响多个视觉对象，为用户提供了一种在页面范围内统一筛选数据的方式。

报表级筛选器是应用范围最广的筛选器类型，它适用于整个报告。一旦设置了报表级筛选器，报告内所有页面的视觉对象就都会受到影响。这使得报表级筛选器成了一种强大的工具，可以帮助用户在整个报告中快速、一致地过滤数据。

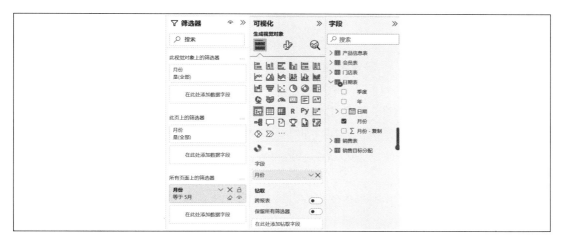

图 8-21　筛选器设置

二、编辑交互

编辑交互功能是在编辑模式下选择源视觉对象，通过显示的图标来选择具体的行为，编辑各个图表之间数据交互方式的功能。

例如，当选择切片器中具体的省份时，不希望"店铺销售分析"柱形图发生改变，可以将其与切片器之间的关系设置为"●"，这样两图之间就没有交互关系了，意思是当切换地区时，"店铺销售分析"柱形图不变化；而词云图与地区切片器之间的关系为"○"，则两图之间交互关系存在，当选择不同地区时，因为地区数据的差异，词云图会随切片器地区的切换而发生变动，如果想让"店铺销售分析"与切片器重建交互关系，则可单击"⬛"，在一个系统报表中，数据越多，这种交互关系会变得越复杂，如图 8-22 所示。

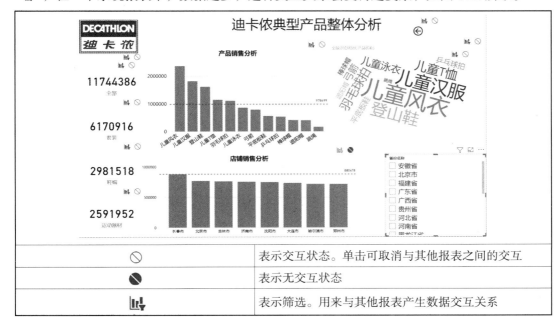

⊘	表示交互状态。单击可取消与其他报表之间的交互
●	表示无交互状态
⬛	表示筛选。用来与其他报表产生数据交互关系

图 8-22　交互设置

三、数据钻取

Power BI 数据钻取是一种用于数据探索和分析的强大工具，它允许用户按照特定的层次结构或条件对数据进行细分呈现。通过钻取功能，用户可以深入了解数据的细节，发现数据中的更大价值。

钻取主要分为两种类型：上钻（drill up）和下钻（drill down）。上钻是通过减少维数，将低层次的细节数据概括到高层次的汇总数据，帮助用户在更大的粒度上查看数据信息。而下钻则是增加新的维数，从汇总数据深入细节数据，使用户能够在更小的粒度上观察和分析数据信息。

数据钻取通过对数据字段设置层级来实现。当视觉对象中的数据具有层级结构时，可以借助钻取功能实现逐级深化，如图 8-23 所示。该柱形图中设置了"年""季度""月"三个层级，通过"⇊"可以实现由"年"到"季度"再到"月度"的向下钻取，但是钻取的结果是，各个年度的月份数据加总到一起，失去"年"的维度，表现在 X 轴为"××季度""××月"；通过"⋔"可以实现"年"到"季度"的钻取，其结果是，X 轴为"××××年××季度""××××年×月"；通过"↓"可实现具体数据点的下钻，单击这个按钮时，需要选择具体的数据点，按照这个数据点进行下钻，如选择2022 年向下钻取到季度，则这个季度只是 2022 年的，且其他年度都不再显示；按钮⇧为向上钻取，因篇幅关系不再赘述。

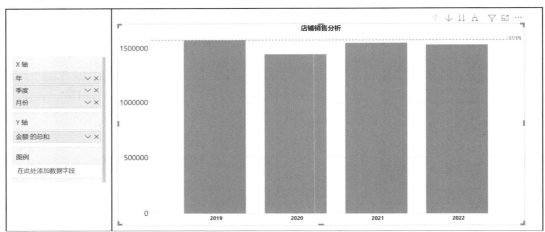

图 8-23　数据钻取设置

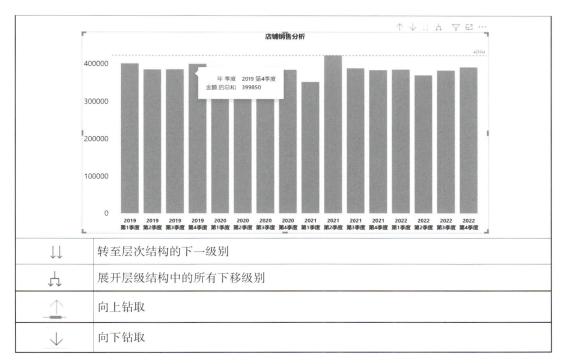

↓↓	转至层次结构的下一级别
⊥	展开层级结构中的所有下移级别
↑	向上钻取
↓	向下钻取

图 8-23　数据钻取设置（续）

四、书签

Power BI 中的书签是一种强大的导航工具，它允许用户在不同的页面或同一页面的不同部分之间快速跳转。通过为关键部分或数据可视化设置书签，用户可以轻松地访问和查看报告中的特定内容。

书签的应用范围广泛，既可以用于页面间的导航，也可以用于同一页面内不同图表或视觉对象间的切换。例如，在一个包含多个页面的报告中，用户可以为每个页面创建一个书签，然后通过单击相应的书签快速跳转到所需的页面。同样，在单个页面内，用户可以为不同的图表或数据区域设置书签，以便在需要时直接查看或比较这些数据。

灵活使用书签，Power BI 报表的交互性会大大增强。

🏆 技能强化

1.浙江亚太药业股份有限公司前身为浙江亚太制药厂，创办于 1989 年。2001 年完成股份制改造，并于 2010 年 3 月 16 日在深交所正式挂牌上市（股票代码为 002370）。请利用 Power BI 在大数据中心获取亚太药业 2016—2020 年利润表，按照下列任务要求进行可视化分析。

【任务要求】

具体任务要求如表 8-1 所示。

表 8-1 任务要求

任务	视觉对象	标题	参考位置
任务 1 分析营业总收入与营业总成本	簇状折线图	营业总收入与营业总成本	高度 314；宽度 1252；水平 13；垂直 81
任务 2 分析净利润趋势	簇状柱形图	净利润趋势	高度 290；宽度 647；水平 13；垂直 411
任务 3 分析三项费用总体趋势	折线图	三项费用趋势	高度 290；宽度 587；水平 678；垂直 411
任务 4 制作仪表板标题	文本框	亚太药业利润表分析（2016—2020 年）	高度 58；宽度 1267；水平 13；垂直 2

2.华天信息科技有限公司主营业务为通信网络设备的研发、生产和销售。为了更好地管理公司的应付账款，做好营运资金统筹，需要对公司的采购付款情况进行分析。请利用 Power BI 工具制作一份仪表板，并对仪表板进行自定义设置，要求整齐美观。

【任务要求】

具体任务要求如表 8-2 所示。

表 8-2 任务要求

任务	视觉对象	标题	参考位置
任务 1 统计供应商的平均付款天数	簇状条形图	平均付款天数	高度 621；宽度 463；水平 23；垂直 84
任务 2 按采购金额对供应商排名	簇状柱形图	供应商采购金额排名	高度 311；宽度 762；水平 500；垂直 395
任务 3 展示不同付款方式的采购金额占比	环形图	付款方式占比	高度 298；宽度 383；水平 500；垂直 84
任务 4 展示不同付款条件的采购金额占比	环形图	付款条件占比	高度 298；宽度 367；水平 895；垂直 84
任务 5 制作仪表板标题	文本框	华天科技采购付款分析仪表板（2016—2020 年）	高度 70；宽度 1000；水平 1000；垂直 0

3.金隆电子有限公司的主营业务是电子产品销售。现有 2021 年产品销售、成本等统计数据，为了给管理层提供更好的决策支持，需要对金隆电子的数据进行分析。请利用 Power BI 工具，按照下列基本要求，制作一份仪表板，并对仪表板进行自定义设置，要求整齐美观。

【任务要求】

具体任务要求如表 8-3 所示。

表 8-3　任务要求

任务	视觉对象	标题	参考位置
任务 1 按毛利润对不同产品（名称）排名	簇状条形图	产品毛利润排名	高度 319；宽度 273；水平 16；垂直 76
任务 2 分析不同日期收入、成本与毛利率趋势	折线图和簇状柱形图	收入、成本与毛利率趋势	高度 319；宽度 646；水平 303；垂直 76
任务 3 展示实际费用结构占比	环形图	实际费用结构	高度 319；宽度 296；水平 963；垂直 76
任务 4 分析不同日期实际费用与预算费用趋势	折线图	实际费用与预算费用趋势	高度 298；宽度 1243；水平 16；垂直 409
任务 5 制作仪表板标题	文本框	金隆电子收入分析仪表板	高度 63；宽度 1280；水平 0；垂直 0

4.百味香调味品有限公司是一家调味品经销商，商品涵盖了酱油、蚝油、醋、调味酱、鸡精、味精、油类等品种。近年来，由于需求端疲软，调味品市场面临"产旺销不旺，供旺需不旺"的处境，公司出现整个渠道销售疲软、库存过多、积压资金、信息反馈不及时等问题。

【任务要求】

使用Power BI Desktop制作一份"进销存分析报表"，对销售、客户、采购、库存等方面进行多维度分析。通过数据报表掌控企业数据，为管理决策提供依据。

项目八技能强化

项目九 Power BI 在线服务

◎ 学习目标

知识目标
1. 了解 Power BI 服务与应用程序如何协同工作。
2. 了解如何使用 Power BI 提高工作效率。
3. 了解如何创建吸引人的视觉对象和报表。

技能目标
1. 能完成 Power BI 数据处理结果的在线发布与共享。
2. 能使用在线服务完成报表、仪表板以及智能问答的设置。
3. 能使用移动端完成信息的浏览。

素养目标
1. 具有自主学习的能力，具有通过学习网站学习新技术的意识。
2. 理解大智移云时代对技能的要求，理解云端、移动端业务处理的方法。
3. 提升数据素养，具有团队协作意识。

项目九课件

项目九资源

⊗ 项目导图

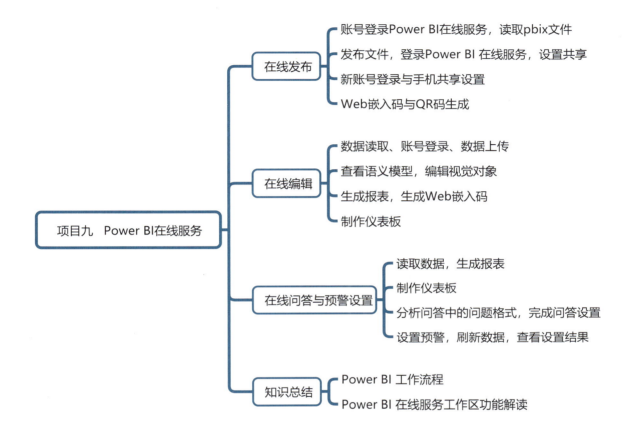

项目九　Power BI在线服务

- 在线发布
  - 账号登录Power BI在线服务，读取pbix文件
  - 发布文件，登录Power BI 在线服务，设置共享
  - 新账号登录与手机共享设置
  - Web嵌入码与QR码生成

- 在线编辑
  - 数据读取、账号登录、数据上传
  - 查看语义模型，编辑视觉对象
  - 生成报表，生成Web嵌入码
  - 制作仪表板

- 在线问答与预警设置
  - 读取数据，生成报表
  - 制作仪表板
  - 分析问答中的问题格式，完成问答设置
  - 设置预警，刷新数据，查看设置结果

- 知识总结
  - Power BI 工作流程
  - Power BI 在线服务工作区功能解读

📒 案例导入

　　财务人员近期要出差，主管安排的上市公司利润表数据分析已经完成。财务人员需要将资料分享给主管和其他参与者，需要使用 Power BI Online-Service 进行在线发布与共享，以便主管在客户端、网络端、移动端随时进行查阅。

　　要求：设置资料共享区，将资料共享给其他人员，并简要说明 Power BI Online-Service 中的文件类型。

　　效果图：

📊 任务实施

<table>
<tr><td colspan="2" align="center">任务一　在线发布</td></tr>
</table>

　　沿用案例导入资料，将利润表共享给其他人员。

　　▷ 步骤 1：读入目标文件

　　打开 Power BI，使用 ijlyep@zoeoe.com 账号登录；单击"文件"，在弹出的菜单中选择"打开报表"，单击"浏览报表"，在弹出的文件选择对话框中选择"上市公司利润表分析.pbix"，单击"打开"，如图 9-1 所示。

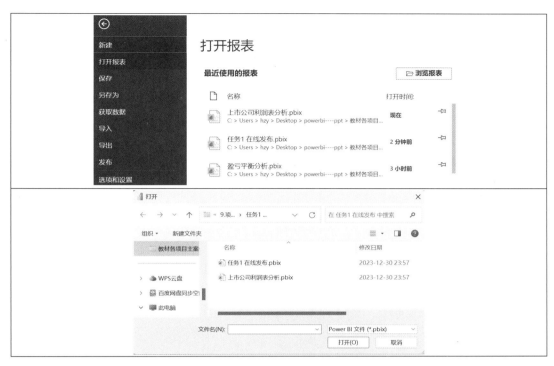

图 9-1 pbix 文件调用

> 步骤 2：发布文件

选择文件菜单下的共享功能框，单击"发布"，在弹出的对话框中选择"我的工作区"（在 Power BI Online-Service 中可以设置工作区的名称），单击"选择"，系统弹出发布成功的对话框；单击"在 Power BI 中打开'上市公司利润表分析.pbix'"，就可以使用 Power BI 在线服务了，如图 9-2 所示。

图 9-2 Power BI 数据发布与在线查阅

图 9-2　Power BI 数据发布与在线查阅（续）

⊙ **步骤 3：共享设置**

在左边的功能框中，单击工作区，在弹出的对话框中单击"创建工作区"，将工作区命名为"ijlyep@zoeoe.com共享"，单击"应用"。

回到界面左边的功能框，单击"ijlyep@zoeoe.com共享"工作区，单击"管理访问权限"，添加人员，为联系人设置权限，这里设置为管理员。上传要共享的内容，这里选择"上市公司利润表分析"文件，然后注销当前操作的账号，如图 9-3 所示。

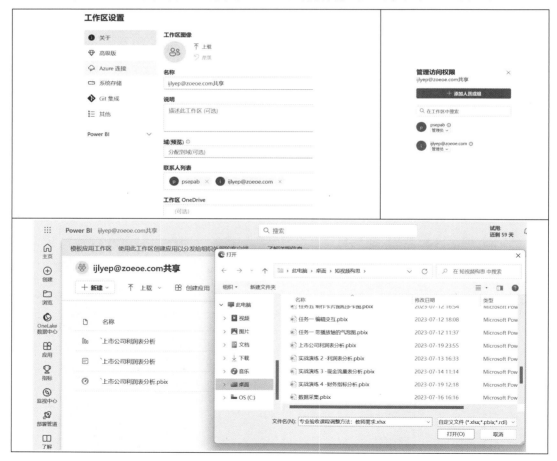

图 9-3　Power BI Online-Service 共享设置

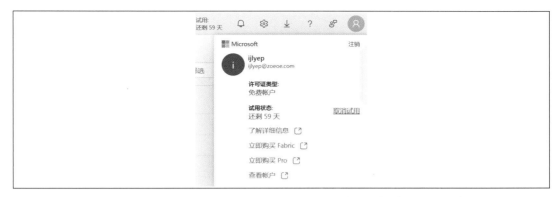

图 9-3　Power BI Online-Service 共享设置（续）

> 步骤 4：新账号查看

在浏览器中输入在线服务网址，用"psepab@zoeoe.com"账号登录后，发现在"psepab@zoeoe.com"这个账号中已经存在"ijlyep@zoeoe.com共享"这个工作区，已经接收到"上市公司利润表分析"文件。因为在权限设置中被设置为管理员，所以"psepab@zoeoe.com"可以进行文件编辑与修改。编辑完毕后，可以使用在线服务作进一步分享，如图 9-4 所示。

图 9-4　共享账号数据查询

⊙ **步骤 5：移动端分享**

在 Power BI 在线服务中打开上市公司报表中的文件，单击"编辑"后，在右上角找到"..."图标，单击，在弹出的菜单中选择"生成 QR 码"，生成的 QR 码可供移动端查看与编辑。用户用微信扫描 QR 码，输入邮箱账号"ijlyep@zoeoe.com"，登录移动端 Power BI，即可查看和编辑（前提是移动端安装 Power BI 应用软件），如图 9-5 所示。

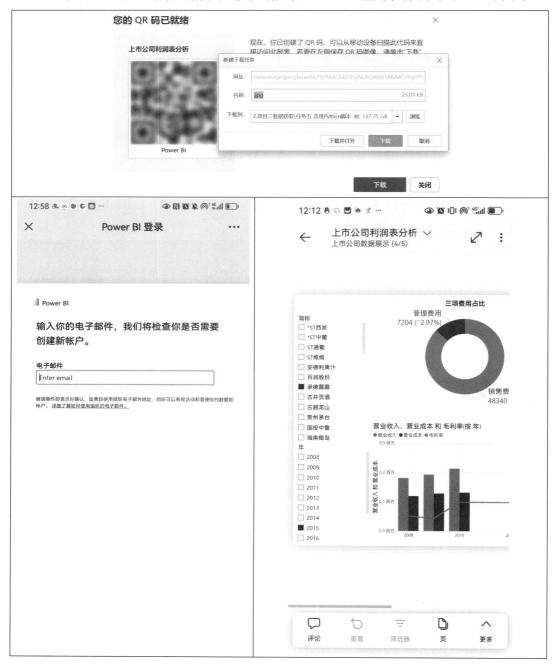

图 9-5　Power BI 移动端分享

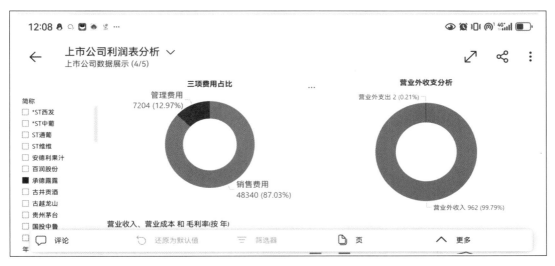

图 9-5　Power BI 移动端分享（续）

⊙ **步骤 6：生成 Web 嵌入代码**

在浏览器中输入在线服务网址，打开在线服务端；输入账号，打开"上市公司利润表分析"报表；选择文件菜单下的"嵌入报表"，单击"发布到 Web（公共）"；在弹出的菜单中单击"创建嵌入代码"，单击"发布"，生成代码，单击"关闭"，即生成嵌入代码，如图 9-6 所示。

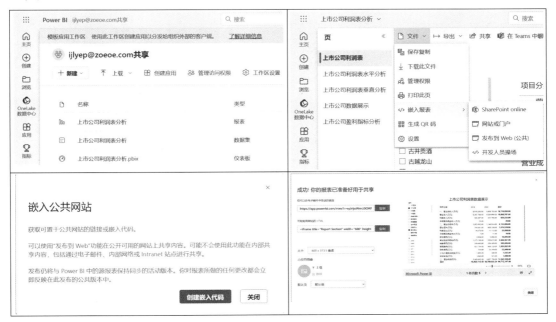

图 9-6　嵌入代码生成

⊙ **步骤 7：管理代码**

单击右上角的设置菜单下的"管理嵌入代码"，可以查看用于嵌入网页的代码，这也给后期在网页设置中使用提供了便利，如图 9-7 所示。

图 9-7　嵌入代码管理

步骤 8：移动端布局设置

单击"移动布局"，完成 Web 布局与移动布局转换；单击"移动布局"，将右边的"页面视觉对象"拖到移动端界面，并根据需要进行编辑；编辑完毕后，单击"保存"，如图 9-8 所示。移动端登录 Power BI，可以看到编辑后的结果。

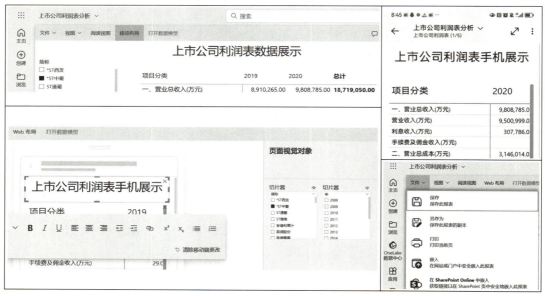

图 9-8　移动端布局设置

视频 9-1

任务二　在线编辑

途虎养车是一家以修车、洗车为主要业务的公司，为了掌控材料的领用情况，公司采用 Power BI 读取材料领用单，并按照模板进行数据展示。同时为了便于数据保存，公司拟在Power BI Online-Service中进行处理。

步骤1：上传数据表

选择"我的工作区"→"新建"→"语义模型"，选择本地的Excel表单"9月份材料领用表.xlsx"，在Excel表单转换为语义模型之前，需要将数据格式转化为表。选中准备进行数据处理的区域，按提示按"CTRL+T"键，保存为新的Excel表单，并将其上传到"我的工作区"。主要步骤如图9-9所示。

也可以参照任务一，在Power BI读入".pbix"文件后，发布到工作区中。

图9-9　在Power BI Online-Service中上传数据

步骤2：生成报表

查看"ijlyep@zoeoe.com"工作区，可以看到"9月份材料领用表"已经顺利加载为数据集。单击新建菜单下的"新建"→"报表"，单击"选取已发布的数据集或语义模型"，选择"9月份材料领用表"，在弹出的对话框中单击"自动生成报表"，则Power BI自动生成系列报表。关键步骤与效果如图9-10所示。读者可根据自己的需要增减报表。

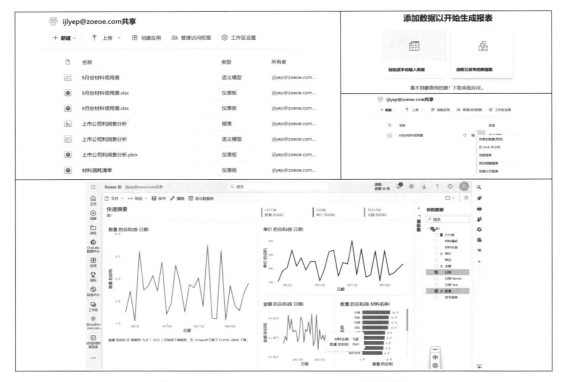

图 9-10 在 Power BI Online-Service 中创建报表

➤ 步骤 3：自主编辑

如果想生成漏斗图，可以单击"编辑"，进入编辑页面；单击页面下方的"+"号，另起一页，选择"漏斗图"；将"材料名称"添加到"类别"中，将"金额"拖动到"值"中，生成漏斗图；单击文件菜单下的"保存"。输入要保存的报表的名称，返回工作区，可以看到新的文件已经加入工作区，如图 9-11 所示。

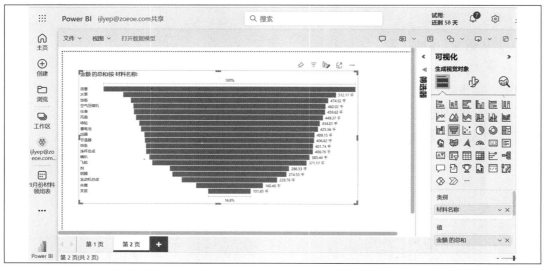

图 9-11 Power BI Online-Service 视觉效果添加

图 9-11　Power BI Online-Service 视觉效果添加（续）

> 步骤 4：生成网站嵌入代码

单击"文件"下的"发布到 Web"，系统生成网站嵌入代码，将其复制粘贴到其他网站的 HTML 中，准备放到仪表板中，如图 9-12 所示。

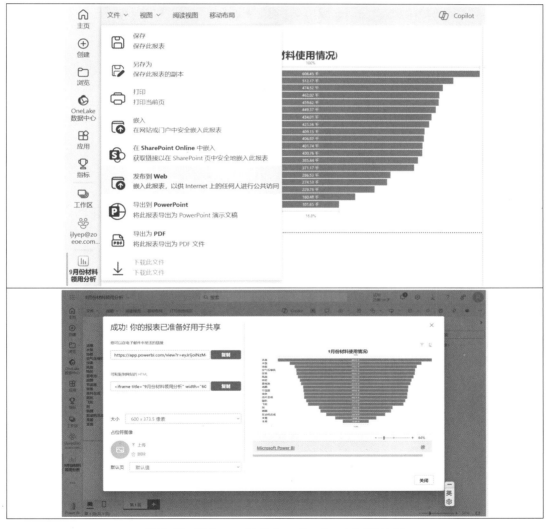

图 9-12　在 Power BI Online-Service 中生成嵌入码

⊘ **步骤 5：编制仪表板**

在报表编辑页，单击 " 📌 "，在弹出 "固定到仪表板" 的对话框中勾选 "新建仪表板"；设置仪表板名称为 "9 月份材料领用表"，单击 "固定活动页"，选择 "转至仪表板"。

⊘ **步骤 6：查看仪表板效果**

返回工作区，可以看到仪表板已经被保存到工作区中。选择 "9 月材料领用表" 仪表板，单击编辑菜单下的 "添加图像磁贴"，将之前发布到 Web 中的代码加入磁贴中，单击 "应用"；返回仪表板中，单击新添加的磁贴，漏斗图被打开，如图 9-13 所示。

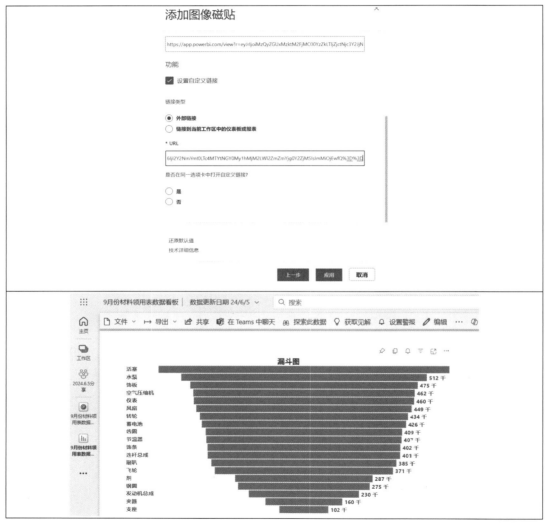

图 9-13　查看 Power BI Online-Service 仪表板

视频 9-2

任务三　在线问答与预警设置

途虎养车数据看板实现线上编辑以来，工作一直很流畅。财务人员最近学了Power BI一个新的功能——在线问答与预警设置，该功能可以帮助用户迅速获取数据，并监控费用超支的情况。

操作步骤

步骤1：生成报表

登录Power BI Online-Service，选择工作区，单击"新建"，选择"语义模型"，在弹出的对话框中选择已发布的语义模型或选择本地文件"9月份材料领用表"；上传文件后，选择"探索此数据"下的"创建空白报表"；在编辑页面中选择"表"视觉对象，将"材料名称"和"金额"拖动到"列"中，调整格式，生成表视图，单击"保存"。主要步骤如图9-14所示。

图9-14　在 Power BI Online-Service 中创建空白报表

应用篇

⊙ **步骤 2：生成仪表板**

保存报表时，设置报表名称为"材料耗费清单"，单击"📌"，如图 9-15 所示，在弹出的"固定到仪表板"对话框中选择"新建仪表板"，输入仪表板名称，单击"固定活动页"，保存为新的仪表板。可返回工作区查看新的仪表板是否已经生成。

图 9-15　在 Power BI Online-Service 中创建仪表板

⊙ **步骤 3：设置问答**

仪表板会自动为数值型的卡片图添加"问答"视觉对象。在仪表板中单击"提出有关你数据的问题"（见图 9-16），系统弹出多个默认加载的问题，这里选择"仪表＆金额"，其含义就是展示商品名为"仪表"的销售额。Power BI Online-Service 自动将查询结果生成卡片图，卡片图结果与数据表结果一致，如图 9-16 所示。单击"固定视觉对象"，将其固定到材料耗费清单的仪表板上。

图 9-16　Power BI Online-Service 问答设置

⊙ **步骤 4：设置预警**

选择步骤 3 中自动生成的卡片图，单击右键，在弹出的菜单中选择"管理警报"，添加警报规则，将金额条件的阈值设置为 400000，单击"保存并关闭"，退出 Power BI Online-Service，如图 9-17 所示。

待后期重新进入系统，打开"材料耗费清单"仪表板后，刷新数据，系统会弹出警报通知，如图 9-17 所示。

图 9-17　Power BI Online-Service 智能预警添加

视频 9-3

📖 知识总结

Power BI在线服务是Power BI的服务型软件部分。Power BI在线服务中的仪表板可帮助用户实时掌握企业数据。仪表板会显示磁贴，磁贴可以打开报表，仪表板和报表会连接到数据集。

一、Power BI工作流程

Power BI通过整合Desktop、Online-Service和Mobile三个平台，为用户提供了一个完整的数据分析、报表创建、发布共享以及移动查看的解决方案。这使得用户能够更加高效地进行数据分析和决策制定。

（一）Power BI Desktop

数据导入：数据可以有多种来源，如 Excel 文件、数据库或云服务等。

数据处理与建模：导入数据后，一般需进行数据清洗、转换和建模，确保数据的准确性和完整性，为后续的报表创建和可视化处理做好准备。

报表与可视化创建：基于处理后的数据，用户可以创建报表并作可视化处理，如表格、图表、地图等，以直观地展示数据。

（二）Power BI Online-Service

发布与共享：在 Power BI Desktop 中创建报表和作可视化处理后，用户可以将结果发布到 Power BI Online-Service 上。这样，其他用户就可以通过 Power BI Online-Service 访问这些报表，无须在本地安装 Power BI Desktop。

协作与交互：在 Power BI Online-Service 中，用户可以进行团队协作，共享和编辑报表。此外，还可以创建仪表板，将多个报表组合在一起，形成一个综合的数据展示界面。

安全性与权限管理：Power BI Online-Service 提供了强大的角色权限设置和报表安全性设置功能。管理员可以设定不同用户的访问权限，确保数据的安全性和隐私性。

（三）Power BI Mobile

移动查看与交互：Power BI Mobile 应用允许用户在移动设备（如手机或平板电脑等）上查看和交互已发布的报表和仪表板。这使得用户能够随时随地获取数据，提高决策的及时性和效率。

实时更新：Power BI Mobile 支持报表的实时更新功能，确保用户获取的是最新的数据。

二、Power BI 在线服务工作区

Power BI 主页左侧的导航栏包括"主页""创建""浏览""OneLake 数据中心""应用""指标""监视中心""工作区""我的工作区"等栏目。其中，"我的工作区"使用最频繁，从 Power BI Desktop 发布到在线服务中的报表可以在"我的工作区"中查到。

（一）工作节点

在"我的工作区"中可以延续之前的工作流程，如上传表单，建立语义模型，通过语义模型建立报表，将报表固定为仪表板。Power BI 在线服务主要工作节点有三个部分，即语义模型、报表、仪表板，如图 9-18 所示。

图9-18　工作区数据类型

（二）语义模型

Power BI在线服务可以利用数据集进行在线报表的制作，包括数据获取与整理、数据建模与数据可视化，其功能与本地Power BI Desktop基本一致，建模功能略显不足。一般情况下，用户在Power BI Desktop中将报表制作好，再发布到Power BI在线服务，建立语义模型。

语义模型是数据模型的一种，它专注于为商业智能和分析提供数据支持，使用户能够更容易地理解和分析数据。语义模型不仅包含了数据本身，还定义了对这些数据应该如何进行有意义的业务解释的计算关系，是关于数据的所有元数据，以及基于这些数据如何定义业务含义的计算关系。

Power BI的一个重要赋能部分是，随附的大量数据连接器。Power BI支持的数据连接器包括但不限于SQL Server、Oracle、Teradata等关系数据库连接器，Salesforce、SharePoint等云服务连接器，以及Excel、CSV、PDF等本地文件连接器。这些连接器使得用户轻松地连接到他们的数据源，无须进行复杂的编程或配置，并将筛选结果引入数据集，组建语义模型。

拥有语义模型后，便可开始创建可视化效果，以通过不同方式显示数据集的不同部分，并获取直观见解。

（三）应用市场

Power BI应用市场是一个集成了多种商业智能应用和功能的平台，为用户提供了丰富的数据分析和可视化解决方案。在Power BI应用市场中，用户可以找到各行业特定的解决方案，如市场营销、销售、财务、人力资源等。这些解决方案通常包含预构建的报表、指标和可视化对象，能够帮助用户更快地构建符合业务需求的商业智能应用。

Power BI应用市场提供了丰富的第三方应用和插件，这些应用是由用户在工作区中创建的、可以与他人协作处理的 Power BI 内容。Power BI 设计者将相关内容（如仪表板、电子表格、数据集和报表）组合在一个地方，将一个或多个内容类型捆绑在一起进行内容打包，然后作为应用分发给广大受众。对于学习者来说这些应用为具体的工作提供了思路与模板，Power BI 应用市场中部分应用如图 9-19 所示。

　　用户在应用市场中可以根据自己的需求选择并集成这些应用，以扩展 Power BI 的功能和性能。例如，有些应用可以帮助用户进行数据分析、预测和机器学习等，有些插件则可以提供额外的数据可视化选项或与其他系统进行集成。

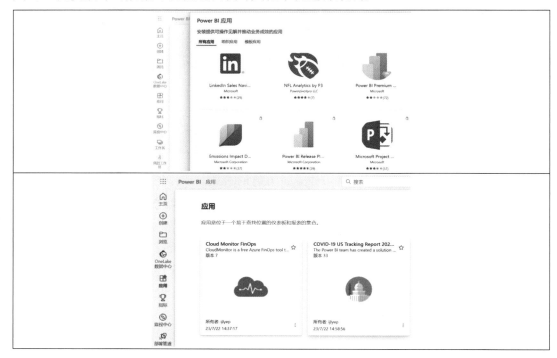

图 9-19　Power BI 应用

（四）报表与仪表板

　　Power BI 仪表板是通过可视化效果讲述数据背后的"故事"的单个页面，常被称为画布。因为它被限定为一页，所以设计精良的仪表板应该只包括该"故事"的亮点。仪表板上的可视化效果被称为"磁贴"。用户可以将报表页中的可视化图表作为"磁贴"固定到仪表板中。单击仪表板上的"磁贴"，可将其链接到其所基于的报表（和语义模型）。仪表板不仅仅是美观的图片，它还具有高度的互动性，并且"磁贴"会随着基础数据的更改而变化。

　　仪表板是监控业务、查看所有重要指标的最佳方法。仪表板上的可视化效果可能来自一个或多个基础语义模型，也可能来自一个或多个基础报表。仪表板可以将本地数据和云数据合并到一起，提供合并视图（无论数据源自哪里），对数据进行实时掌控。

　　仪表板和报表的具体区别如表 9-1 所示。

表 9-1　仪表板和报表的区别

功能	仪表板	报表
页面	一个页面	一个或多个页面
数据源	一个或多个语义模型	一个语义模型
是否可用于 Power BI Desktop	否	是
固定	只能将现有的可视化效果（磁贴）从当前仪表板固定到其他仪表板	可以将可视化效果作为磁贴固定到任何仪表板中，也可将整个报表页固定到任何仪表板中
筛选	无法筛选或设置切片器	有多种不同的筛选方式，可设置切片器或突出显示
更改可视化效果类型	不可以更改（可以删除）	可以更改
基础语义模型和字段	可以导出数据，但看不到仪表板本身的表和字段	可以查看
创建可视化效果	仅限于使用"添加磁贴"向仪表板添加小部件	可以创建许多不同类型的视觉对象
订阅	可以订阅仪表板	可以订阅报表

🏆 技能强化

一、单选题

1.什么是 Power BI 中活动的通用流程？（　　　　）

A.在 Power BI 服务中创建报表，将报表共享到 Power BI 移动版，在 Power BI 桌面版中与报表交互

B.将数据导入 Power BI 桌面版并创建报表，将报表共享到 Power BI 在线服务，用户在其中和 Power BI 移动版中查看报表和仪表板，并通过切片器、筛选等方式与报表数据完成交互

C.将数据导入 Power BI 移动版，创建报表，然后将其共享到 Power BI 桌面版

2. 以下哪些项是 Power BI 的构建基块？（　　　　）

A.磁贴、仪表板、数据库、移动设备

B.可视化效果、语义模型、报表、仪表板、磁贴

C.Visual Studio、C# 和 json 文件

3. 在 Power BI 中，报表和仪表板的集合称为什么？（　　　　）

A.画布

B.计划刷新

C.应用

二、实训题

1.获取"超市运营情况分析报表.pbix",使用Power BI移动版将其上传至网络,任何人通过相应的网址都可以获取相关数据。

（1）使用Power BI桌面版打开"超市运营情况分析报表.pbix",将"超市运营情况分析报表.pbix"数据上传至Power BI移动版中。

（2）再次登录Power BI移动版,选择"我的工作区"选项卡,在"报表"选项卡中会出现上传的"超市运营情况分析报表"。

（3）将"超市运营情况分析报表"发布到Web上,获取"超市运营情况分析报表"所对应的网页发布链接。

（4）创建"超市运营"仪表板,导入来自报表的数据。

（5）实现自然语言问与答的功能。进行如下操作:

①进入"问答"界面,在"有助于入门的问题"列表框中选择"total 购买总金额 by 年龄段",得到"问答"界面。

②单击界面右上角的"固定视觉对象"按钮,单击界面左上角的"退出'回答'"按钮。

（6）插入评论。在仪表板中,单击上方的"评论"命令,系统弹出"评论"对话框;在评论框中输入"超市运营状况良好";单击"发布"按钮。

2.发布"人力资源分析报表.pbix",并根据此报表新建仪表板,增加磁贴与评论。

（1）使用Power BI桌面版打开"人力资源分析报表.pbix"。

（2）在"开始"选项卡的"共享"组中,单击"发布"按钮。

（3）在浏览器地址栏中输入在线服务网址,登录Power BI移动版。

（4）进入"我的工作区",单击"报表"按钮,打开"人力资源分析报表.pbix"。

（5）单击"固定至活动"按钮。

（6）新建仪表板。

（7）新增一条评论,内容为"通过报表显示销售部男性员工比例偏高"。

项目九技能强化

进阶 篇

学习目标

知识目标

1.了解Power BI数据分析与可视化的基本工作流程（数据获取、数据整理、数据建模、数据可视化）。

2.了解财务报表分析的源数据构成，理解数据的维度和数据类型，具备数据处理的知识。

3.具备网址分析知识，理解数据获取的方法。

技能目标

1.能根据分析目的与要求，采集上市公司财务数据并进行数据清洗。

2.能进行数据建模、分析与可视化处理。

3.能查阅相关网站，具备根据网站变化调整数据采集方法获取数据的能力。

素养目标

1.具有自主学习的能力，形成通过学习网站学习新技术意识。

2.具备商业意识，能根据自己的兴趣选择数据分析方向。

3.培养认真负责、严谨细致的工作态度。

项目十课件　　　　项目十资源

项目导图

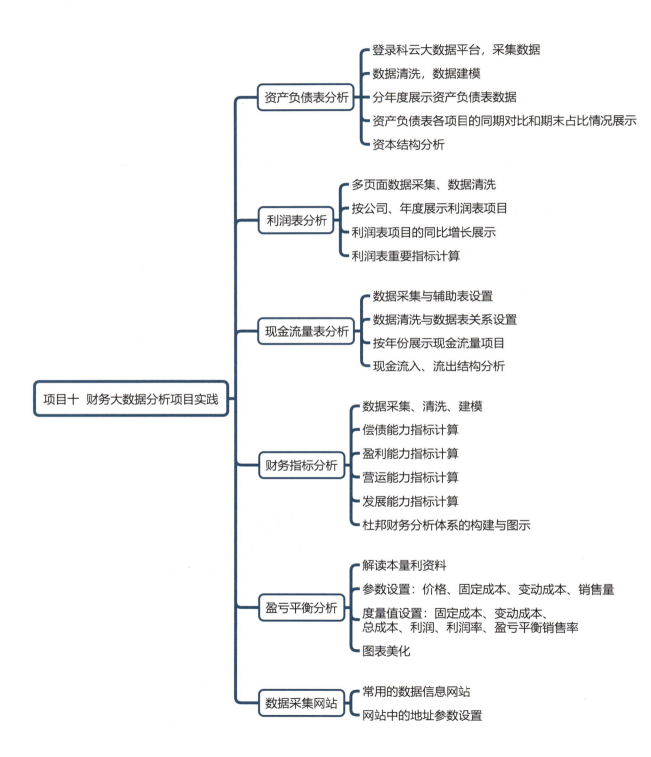

项目十 财务大数据分析项目实践

- 资产负债表分析
  - 登录科云大数据平台，采集数据
  - 数据清洗，数据建模
  - 分年度展示资产负债表数据
  - 资产负债表各项目的同期对比和期末占比情况展示
  - 资本结构分析

- 利润表分析
  - 多页面数据采集、数据清洗
  - 按公司、年度展示利润表项目
  - 利润表项目的同比增长展示
  - 利润表重要指标计算

- 现金流量表分析
  - 数据采集与辅助表设置
  - 数据清洗与数据表关系设置
  - 按年份展示现金流量项目
  - 现金流入、流出结构分析

- 财务指标分析
  - 数据采集、清洗、建模
  - 偿债能力指标计算
  - 盈利能力指标计算
  - 营运能力指标计算
  - 发展能力指标计算
  - 杜邦财务分析体系的构建与图示

- 盈亏平衡分析
  - 解读本量利资料
  - 参数设置：价格、固定成本、变动成本、销售量
  - 度量值设置：固定成本、变动成本、总成本、利润、利润率、盈亏平衡销售率
  - 图表美化

- 数据采集网站
  - 常用的数据信息网站
  - 网站中的地址参数设置

案例导入

中国消费者的消费能力和人均可支配收入迅速提高。随着购买力的提升，中国消费者愿意在现制茶饮产品上花费更多，尤其是在高端现制茶饮产品上。请使用Power BI 获取大数据中心茶饮行业所有上市公司的利润表和辅助分析表，并进行分析。

效果图：

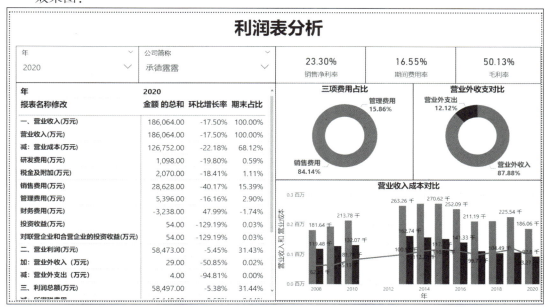

任务实施

实践演练一　资产负债表分析

多多乐购为了实时监控企业资产负债表项目数据的变化，在获取 2017—2020 年资产负债表和辅助分析表的基础上，拟使用Power BI 对资产负债表数据进行相关计算，并在公司财务系统中展示资产负债表数据。

操作步骤

⊙ 步骤 1：数据准备

复制辅助表的URL，选择主页菜单下的"获取数据"，单击"Web"，将地址粘贴到弹出的对话框中，单击"确定"；在弹出的导航器中，选择识别到的表单，将数据加载至 Power BI 主界面中；同理加载资产负债表数据。查看加载的表单字段与数据。主要步骤和数据加载结果如图 10-1 所示。

图 10-1　资产负债表及其辅助表数据采集

⊙ 步骤 2：辅助表数据清洗

在表视图中单击"转换数据"，进入 Power Query。选择"资产负债表辅助表"，添加索引列，选择从 1 开始，将"索引列"标题修改为"项目索引"；使用"添加条件列"添加项目大类索引"，使用"向下填充"对未生成索引的行进行填充；同理增加"项目中类索引"并填充，如图 10-2 所示。

图 10-2　资产负债表数据处理

		ABC 项目名称	ABC 项目中类	ABC 项目大类	123 项目索引	项目大类索引	项目中类索引
30	5	长期股权投资(万元)	非流动资产	资产	30	1	2
31	6	其他长期投资(万元)	非流动资产	资产	31	1	2
32	7	投资性房地产(万元)	非流动资产	资产	32	1	2
33	null	固定资产原值(万元)	null	null	33	1	2
34	null	累计折旧(万元)	null	null	34	1	2
35	null	固定资产净值(万元)	null	null	35	1	2
36	null	固定资产减值准备(万元)	null	null	36	1	2
37	8	固定资产(万元)	非流动资产	资产	37	1	2

图 10-2　资产负债表数据处理（续）

⊙ 步骤 3：资产负债表数据清洗

选择资产负债表，将第一行用作标题；选中所有列，单击下拉三角，依次单击"修整""清除"，删除空格、制表符等难以识别的字符；选择第一列数据，对其他列进行逆透视，对逆透视结果的第二、三列标签属性进行修改；将"属性"修改为"年份"，将"值"修改为"金额"，如图10-3所示。

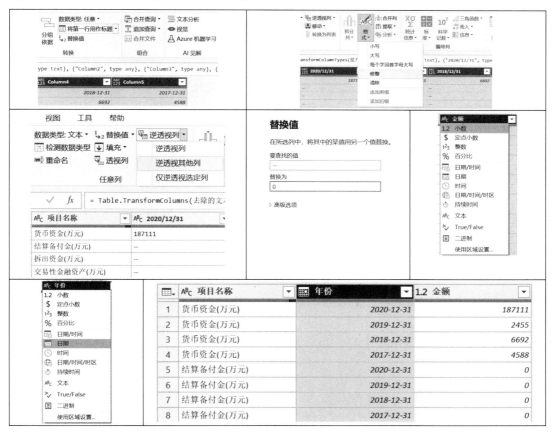

图 10-3　资产负债表数据清洗

⊙ 步骤 4：建立数据关系，设置年份切片器

单击"关闭并应用"，返回Power BI主页面；单击"模型视图"，Power BI为两个表单通过项目名称建立了一对多的关系；单击报表视图，在可视化区域中选择"切片器"，将"年份"日期层次结构中的"年"拖至切片器中，将切片器设置为"磁贴"，如图

10-4 所示。为保持页面整洁,关闭切片器标头。

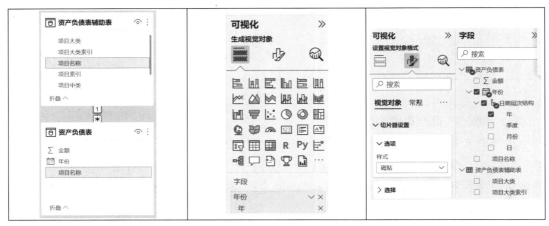

图 10-4　数据关系的建立

◎ 步骤 5:生成资产负债表矩阵

单击数据视图,选择"资产负债表辅助表",将"项目名称"排列顺序设置为按"项目索引";选择矩阵展示数据,将"项目大类""项目中类""项目名称"拖动到"行",将"年份"拖动到"列",将"金额"拖动到"值",如图 10-5 所示。

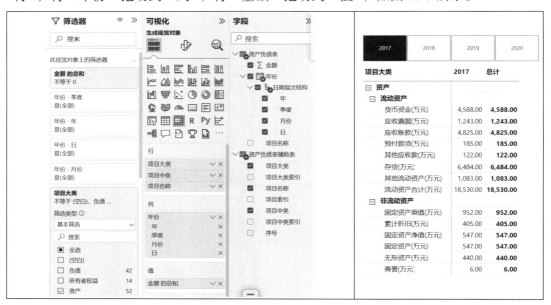

图 10-5　资产负债表数据的矩阵设置和结果

调整矩阵样式为"差异最小",删除列小计、行小计,删除切片器标头,将金额筛选器设置为"不等于 0"。

◎ 步骤 6:度量值设置与数据呈现

单击"新建度量值",在公式栏中依次输入公式:

BS期末余额 = SUM('资产负债表'[金额])

BS期初余额 = var reportyear=SELECTEDVALUE('资产负债表'[年份].[年])

return

CALCULATE([BS期末余额],FILTER(ALL('资产负债表'[年份].[年]),'资产负债表'[年份].[年]=reportyear-1))

BS同比增长 = DIVIDE([BS期末余额]-[BS期初余额],[BS期初余额])

期末占比 = DIVIDE(CALCULATE(SUM('资产负债表'[金额])),CALCULATE(SUM('资产负债表'[金额]),ALLSELECTED('资产负债表')))

单击报表视图，在可视化区域中选择"矩阵"，删除原矩阵中的字段"金额"，将资产负债表辅助表的"项目大类""项目中类""项目名称"拖至"行"中，将"BS期末余额""BS期初余额""BS同比增长""期末占比"拖至"值"中，如图10-6所示。

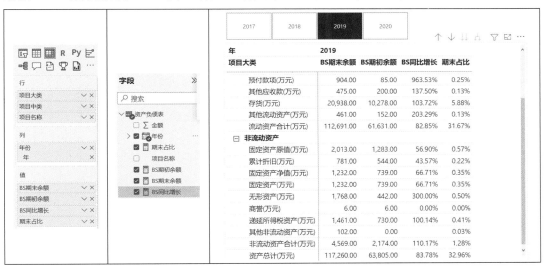

图 10-6　报表视图设置与结果

设置矩阵格式。将列标题、行标题、值的字体大小设置为"12"，列标题和行标题字体加粗；对"期末占比"添加数据条颜色（自选）；添加矩阵的边框等。

▷ 步骤7：筛选出"负债"和"所有者权益"数据

复制资产项目分析的矩阵，从"项目大类"中筛选出"负债"和"所有者权益"的数据，调整布局，如图10-7所示。

图 10-7　数据筛选

> **步骤 8：生成饼图**

右键单击报表视图左下方的"第一页"，在弹出的菜单中单击"复制页"，将页面重命名为"资产负债表结构分析"；删除"矩阵"视觉对象中的原有"列"字段，重新将"金额""期末占比"拖动到矩阵"列"字段中，修改列名为"金额"，调整视觉对象大小。

单击可视化视觉对象中的"饼图"，将资产负债表辅助表的"项目大类"拖至"图例"中，将资产负债表的"金额"拖至"值"中，选择项目大类，设置筛选器，取消"空白"与"资产"的勾选，生成饼图。

关闭图例；将标签内容设置为"类别，金额，总百分比"，值的大小设置为"10"，并对字体加粗；标题设置为"总体结构"，大小设置为"12"，标题加粗并居中；添加环形图的边框等。结果如图 10-8 所示。

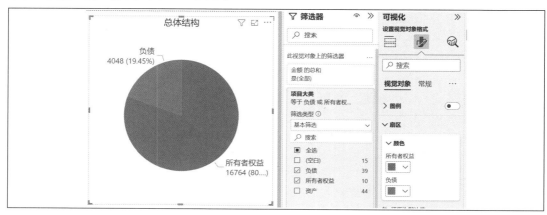

图 10-8　饼图设置和结果

> **步骤 9：资产流动性结构**

复制步骤 8 中的饼图，将"项目中类"拖至"图例"中，删除项目大类的筛选，从"项目中类"中筛选出"流动资产"和"非流动资产"的数据，将标签内容设置为"类别，总百分比"，值的大小设置为"10"，并对字体加粗；标题设置为"资产流动性结构"，大小设置为"12"，标题加粗并居中；添加边框等。

复制步骤 8 中的饼图，单击表视觉对象，从"项目中类"中筛选出"流动负债"和"非流动负债"的数据，标题文本设置为"负债流动性结构"。

> **步骤 10：建立"资产总额""负债总额""所有者权益总额"度量值，并展示数据**

新建度量值"资产总额""负债总额""所有者权益总额"。依次单击"新建度量值"，在公式栏中依次输入资产总额、负债总额、所有者权益总额的计算公式，依次在可视化视觉区域中选择"卡片图"，将度量值"资产总额""负债总额""所有者权益总额"拖至卡片图字段中。

资产总额 = CALCULATE(SUM('资产负债表'[金额]),'资产负债表'[项目名称] = "资产总计(万元)")

负债总额 = CALCULATE(SUM('资产负债表'[金额]),'资产负债表'[项目名称] = "负债合计(万元)")

所有者权益总额 = CALCULATE(SUM('资产负债表'[金额]),'资产负债表'[项目名称] = "所有者权益(或股东权益)合计(万元)")

单击"卡片图"视觉对象，将"资产总额"拖动到"字段"中，将卡片图标注值的字体大小设置为"25"，数据标签的字体大小设置为"12"，字体颜色设置为"白色"，选择一种背景颜色（自选）；将单位设置为"无"；添加卡片图的边框，圆角像素设置为"15"，调整布局。

单击"插入"，选择"文本框"，输入"+"，字体大小设置为 45，复制该文本框，将"+"修改为"="，拖动两个文本框到对应的位置。再次复制文本框，将文本框内容修改为"资产负债表分析"，字体大小设置为"28"，调整页面布局。最终效果如图 10-9 所示。

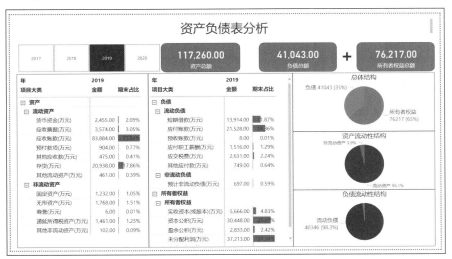

视频 10-1（1）

视频 10-1（2）

图 10-9　资产负债表数据展示

实践演练二　利润表分析

沿用案例导入资料，使用 Power BI 对利润表进行整体分析。

🔍 操作步骤

⊙ 步骤 1：数据准备

单击"转换数据"，进入 Power Query，复制利润表及其辅助表的 URL，参照实践演练一中的数据读入方法，分别读入 lrb_603156、利润表辅助表、hy003003 表数据，如图 10-10 所示。

图 10-10　利润分析数据采集

⊙ 步骤 2：参数设置

选中表单"hy003003"，选择第一列，将数据类型修改为"文本"，选中前三列，单击右键，在弹出的菜单中选择"删除其他列"，如图 10-11 所示。

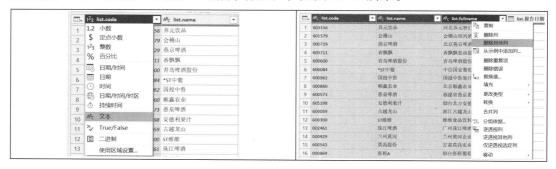

图 10-11　参数设置与数据类型转换

单击主页菜单下的"管理参数"，在弹出的对话框中设置参数：参数名为"股票代码"，类型为"文本"，当前值为"603156"。单击"确定"，系统生成新的参数。

选中"lrb_603156"，修改源地址，在弹出的对话框中按图 10-12 配置 URL 部分，单击"确定"；重新选择"lrb_603156"，单击右键，在弹出的菜单中，单击"创建函数"，将函数命名为"多公司利润表数据采集"，单击"确定"，此时查询栏中多了"fx 多公司利润表数据采集"这一选项，如图 10-12 所示。

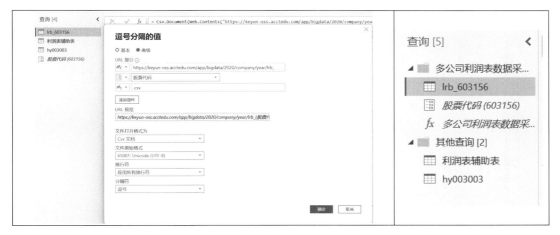

图 10-12　函数创建

⊙ 步骤 3：数据采集

选择"hy003003"，选中"list.code"列，单击添加列中"调用自定义函数"；在弹出的对话框中，勾选"忽略此文件的隐私级别检查……"，单击"保存"，完成数据采集（多公司、多年度数据采集，需要的时间较长）；选择最后一列"多公司利润表数据采集"，单击"▥"图标展开数据。主要步骤如图 10-13 所示。

图 10-13　函数的调用与多页面数据采集

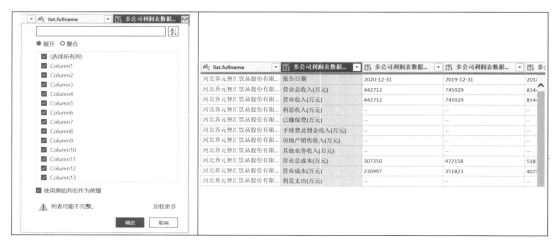

图 10-13　函数的调用与多页面数据采集（续）

步骤 4：数据清洗

添加空表，命名为"补充数据"，按利润表辅助表结构录入项目"六、每股收益"，列名为Column1~Column17，在利润表辅助表对应的步骤中插入"追加的查询"，如图10-14所示。

图 10-14　新项目添加

参照项目四任务二"一对多关系"的操作，修改利润表项目，本处不再赘述，效果如图 10-15 所示。

图 10-15　数据处理结果

> 步骤 5：利润表数据视觉对象设置

单击"关闭并应用"，返回 Power BI 主界面，单击"模型视图"；查看利润表辅助表与利润表之间是否通过项目名称建立一对多关系，如果不能查明原因并继续进行数据清洗，则单击利润表中的"年份"列，将"年份"列数据类型调整为"日期"，格式选择"（yyyy）"；

单击"切片器"视觉对象，将切片器格式设置为"列表"，将"公司简称"拖动到"字段"中，设置字体大小为"15"；复制切片器，调整切片器位置，将"年份"拖动到"字段"中。

选择"矩阵"视觉对象，将"报表名称修改"拖动到"行"，将"年份"拖动到"列"，将"金额"拖动到"值"，格式调整为"差异最小"，调整字体大小。字段设置与效果如图 10-16 所示。

图 10-16　字段设置与效果

⊙ **步骤 6：建立度量值"环比增长率""期末占比"**

新建度量值"环比增长率""期末占比"。在公式栏中输入公式：

环比增长率 =

var a = CALCULATE(SUM('利润表'[金额]))

var b = CALCULATE(SUM('利润表'[金额]),SAMEPERIODLASTYEAR('利润表'[年份].[Date]))

return DIVIDE(a-b,b)

期末占比 =

var a = CALCULATE(SUM('利润表'[金额]))

var b = CALCULATE(SUM('利润表'[金额]),'利润表辅助表'[报表名称修改]= "一、营业收入(万元)",ALLSELECTED('利润表'))

return DIVIDE(a,b)

复制步骤 5 的页面，将新页面中的切片器样式调整为"下拉"。

⊙ **步骤 7：生成三项费用环形图**

选择"数据"视图，在表工具菜单下，单击"新建表"，在公式栏中输入公式：

度量值表 =

单击"新建度量值"，在公式栏中依次输入"销售费用""管理费用""财务费用"计算公式：

销售费用 = CALCULATE(SUM('利润表'[金额]),'利润表'[报表项目] = "销售费用(万元)")

管理费用 = CALCULATE(SUM('利润表'[金额]),'利润表'[报表项目] = "管理费用(万元)")

财务费用 = CALCULATE(SUM('利润表'[金额]),'利润表'[报表项目] = "财务费用(万元)")

单击可视化视觉对象中的"环形图"，将度量值"销售费用""管理费用""财务费用"拖至"值"中；将标签内容设置为"类别，总百分比"，值的大小设置为"12"，将字体加粗；将标题设置为"三项费用占比"；添加环形图的边框等。

⊙ **步骤 8：生成营业外收入支出对比环形图**

单击"新建度量值"，在公式栏中依次输入公式：

营业外收入 = CALCULATE(SUM('利润表'[金额]),'利润表'[报表项目]= "营业外收入(万元)")

营业外支出 = CALCULATE(SUM('利润表'[金额]),'利润表'[报表项目] = "营业外支出(万元)")

复制步骤 7 中的环形图，将度量值"营业外收入""营业外支出"拖至"值"中，标题设置为"营业外收支对比"。

⊙ **步骤 9：生成营业收入成本对比折线和簇状柱形图**

单击"新建度量值"，在公式栏中依次输入公式：

营业收入 = CALCULATE(SUM('利润表'[金额]),'利润表'[报表项目]= "营业收入 (万元)")

营业成本 = CALCULATE(SUM('利润表'[金额]),'利润表'[报表项目]= "营业成本 (万元)")

毛利润=[营业收入]-[营业成本]

单击可视化视觉对象中的"折线和簇状柱形图"；将"年份"字段拖至"X轴"中；将度量值"营业收入""营业成本"拖至"列y轴"中；将度量值"毛利润"拖至"行y轴"中；标题设置为"营业收入成本对比"；选择"年份"切片器，单击格式菜单下的"编辑交互"，取消"年份"切片器与"营业收入成本对比"图之间的关联关系。

选择"*ST西发""2020"年度得到筛选结果，如图 10-17 所示。重新选择上市公司和年度可以获取不同公司的利润表数据分析结果。

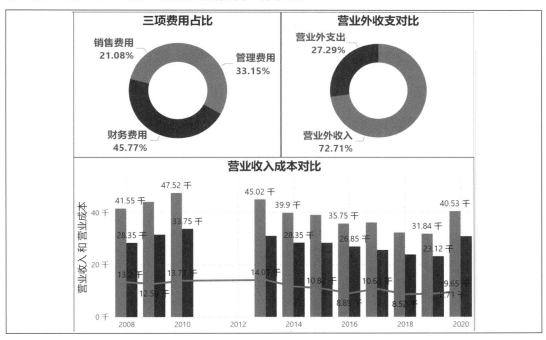

图 10-17　利润表数据呈现

⊙ **步骤 10：建立"销售净利率""毛利率""期间费用率分析"度量值，并设置卡片图**

单击"新建度量值"，在公式栏中依次输入公式：

销售净利率 = DIVIDE(CALCULATE(SUM('利润表'[金额]),'利润表'[报表项目] = "净利润(万元)"),[营业收入])

毛利率 = DIVIDE([营业收入]-[营业成本],[营业收入])

期间费用率 = DIVIDE([财务费用]+[销售费用]+[管理费用],[营业收入])

依次在可视化视觉区域中选择"卡片图",将度量值"毛利率""销售净利率""期间费用率"拖至卡片图字段中,标注值字体大小设置为"12",显示单位设置为"无";设置度量值的格式为"百分比";添加卡片图的边框;复制毛利率卡片图两次,将"销售净利率""期间费用率"拖至卡片图字段中。

> **步骤 11:设计可视化布局方案**

插入文本框,输入"利润表分析",文本大小设置为"32",调整布局,单击视图菜单下的"主题",选择"创新"主题,最终效果如图 10-18 所示。

图 10-18　"创新"主题下的数据展示效果

视频 10-2

实践演练三　现金流量表分析

深圳科思科技有限公司为控制企业现金流,将 2017—2020 年的现金流量表存放到 Excel 工作簿中。拟使用 Power BI 获取 2017—2020 年现金流量表及其辅助表,利用表视图展示现金流量数据,利用饼图展示各现金流量大类中项目现金流的结构。

🔍 **操作步骤**

> **步骤 1:数据准备**

复制利润表及其辅助表的 URL,参照实践演练一中数据读入的方法分别读入现金流量表及其辅助表数据,将读入表单名称"xjllb_688788"修改为"现金流量表"。表单数据如图 10-19 所示。

图 10-19　现金流量表及其辅助表数据采集

> **步骤 2：数据清洗**

单击"转换数据"，进入 Power Query，分别对现金流量表、现金流量表辅助表进行数据清洗。

1.对现金流量表的数据清洗

单击"将第一行用作标题"；删除最后空列；选中第一列，选中按住 Shift 键选择最后一列，完成数据的全选；单击"格式"功能块下的"修整""清除"，删除不可见字符与空格；将"--"替换为 0；选择第一列，逆透视其他列，将逆透视后的列标签分别修改为"报表项目""年度""金额"；将"年度"列数据类型修改为"日期"，"金额"列修改为"小数"。

2.对现金流量表辅助表的数据清洗

将第一行升级为标题，添加索引列，设置为从 1 开始，选择项目分类，添加条件列，命名为"项目分类修改"，如图 10-20 所示。

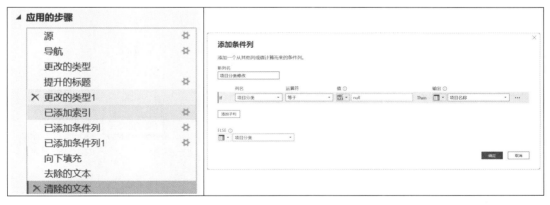

图 10-20　现金流量及其表辅助表处理

选中"项目分类修改"列，添加条件列，参照项目四任务二"一对多关系"的操作，根据表 10-1 设置条件列公式，选择转换菜单下的"向下填充"；单击格式功能块下的"修整""清除"，删除空格和其他不可见字符。

表 10-1　条件列设置

项目名称	项目分类修改 1
1 经营活动现金流入（万元）	11 经营活动现金流入（万元）
2 经营活动现金流出（万元）	12 经营活动现金流出（万元）
经营活动产生的现金流量净额（万元）	13 经营活动产生的现金流量净额（万元）
3 投资活动现金流入（万元）	21 投资活动现金流入（万元）
3 投资活动现金流出（万元）	22 投资活动现金流出（万元）
投资活动产生的现金流量净额（万元）	23 投资活动产生的现金流量净额（万元）
4 筹资活动现金流入（万元）	31 筹资活动现金流入（万元）
5 筹资活动现金流出（万元）	32 筹资活动现金流出（万元）
筹资活动产生的现金流量净额（万元）	33 筹资活动产生的现金流量净额（万元）
其他	按项目分类设置

⊙ **步骤 3：现金流量数据展示**

在数据视图中，单击"现金流量表"，选择第一列"报表项目"，单击列工具菜单下"按列排序"功能块下的"项目索引"；单击"新建度量值"，在公式栏中输入公式：

环比增长率 =

var a = CALCULATE(SUM('现金流量表'[金额]))

var b = CALCULATE(SUM('现金流量表'[金额]),SAMEPERIODLASTYEAR('现金流量表'[年度].[Date]))

return DIVIDE(a-b,b)

或输入三个度量值计算公式：

上年现金流 = CALCULATE(SUM('现金流量表'[金额]),SAMEPERIODLASTYEAR('现金流量表'[年度].[Date]))

本年现金流 = CALCULATE(SUM('现金流量表'[金额]))

环比增长率 1 = DIVIDE([本年现金流]-[上年现金流],[上年现金流])

选择"切片器"视觉对象，将"日期"列"年度"下日期层次中的"年"拖至切片器中，样式选择"磁贴"；在可视化区域中选择"矩阵"，将现金流量表辅助表的"项目分类修改""项目名称"拖至"行"中，将"金额""环比增长率"拖至"值"中。矩阵的样式选择"差异最小"，值的大小设置为"12"，列标题和行标题值大小设置为"12"，加粗；添加矩阵的边框等。选择卡片图，将"本年现金流"与"上年现金流"拖动到卡片图中（因为没有按年度筛选，所以图 10-21 中是四年现金流之和）。

212

图 10-21　现金流量数据展示

> 步骤 4：经营活动现金结构展示

复制步骤 3 中的视图页，删除视图页中的矩阵，调整格式；单击切片器，将"项目分类修改"拖动到切片器中，样式选择"磁贴"；单击可视化视觉对象中的"环形图"，将现金流量表辅助表的"项目分类修改"拖至"图例"，筛选项目为三个现金流出项目，标题设置为"现金流出分析"，复制此视觉效果；在筛选器中将项目调整为三个现金流入项目，标题修改为"现金流入分析"，调整格式。效果如图 10-22 所示。

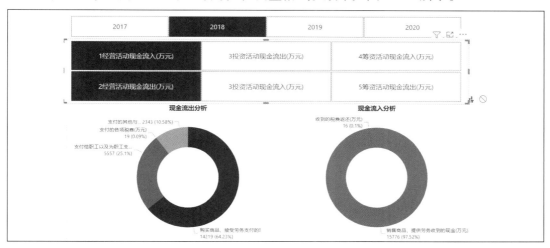

图 10-22　现金流入、流出结构展示

> 步骤 5：现金流变动情况展示

单击"新建度量值"，在公式栏中依次输入度量值公式：

经营活动现金净流量 = CALCULATE(SUM('现金流量表'[金额]),'现金流量表'[报表项目] = "经营活动产生的现金流量净额(万元)")

投资活动现金净流量 = CALCULATE(SUM('现金流量表'[金额]),'现金流量表'[报表项目] = "投资活动产生的现金流量净额(万元)")

筹资活动现金净流量 = CALCULATE(SUM('现金流量表'[金额]),'现金流量表'[报表项目]="筹资活动产生的现金流量净额(万元)")

在可视化视觉区域中选择"卡片图",将度量值"经营活动现金净流量""投资活动现金净流量""筹资活动现金净流量"拖至卡片图字段中。取消类别标签,标题分别设置为:经营活动现金净流量、投资活动现金净流量、筹资活动现金净流量。标注值的字体大小设置为"45",显示单位设置为"无"。

在可视化视觉区域中选择"簇状柱形图",将"日期"拖入"X轴";将度量值"经营活动现金净流量""投资活动现金净流量""筹资活动现金净流量"拖至"Y轴";将标题文本设置为"现金流量变动趋势",字体大小设置为"21",字体加粗并居中。

在可视化视觉区域中选择"圆环图",将"报表项目"拖动到"图例",将"金额"拖动到"值",将"项目分类修改"拖动到视觉对象筛选器中,勾选"11-经营活动产生的现金流入(万元)",将标题设置为"经营现金流量报表项目分析",字体大小设置为14,字体加粗。

添加文本框,输入标题"深圳科思科技有限公司现金流分析",效果如图 10-23 所示。读者可自行设置字体等。

图 10-23 现金流变动情况展示

视频 10-3(1) 视频 10-3(2)

实践演练四 财务指标分析

深圳科思科技有限公司拟使用Power BI,读取 2017—2020 年资产负债表、利润表和现金流量表,根据读取的数据计算偿债能力、盈利能力、营运能力、发展能力等单方面指标,并展示以杜邦财务分析体系为核心的数据情况,适时掌控数据变化。

操作步骤

步骤 1：数据准备

单击"转换数据"，进入 Power Query，依次复制各表单 URL，参照实践演练一中的数据读入方法分别读入 zcfzb_688788.csv、lrb_688788.csv、xjllb_688788.csv 表单数据，将表名修改为"资产负债表""利润表""现金流量表"，如图 10-24 所示。

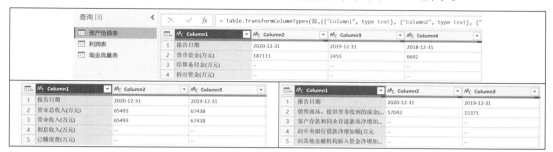

图 10-24　财务报表数据获取

步骤 2：数据清洗

可以看出，三个表单数据具有一些共同的需要修改的地方，以资产负债表为例执行以下操作。

单击"将第一行用作标题"；删除最后空列；选中第一列，按住 Shift 键选中最后一列，完成数据全选；依次单击"格式"功能块下的"修整""清除"，删除不可见字符与空格；将"--"替换为"0"；选择第一列，逆透视其他列，逆透视后的列标签分别修改为"报表项目""年度""金额"；将"年度"列数据类型修改为"日期"，将"金额"列数据类型修改为"小数"。

同理，打开利润表、现金流量表，执行与资产负债表相同的清洗步骤，得到三张清洗完毕的数据表，如图 10-25 所示。

图 10-25　财务报表数据清洗

步骤 2：添加辅助表，建立数据关系

单击"追加查询"功能块下的"将查询追加为新查询"；在弹出的对话框中点选"三个或更多表"，将三个表添加到要追加的表中，单击"确定"，如图 10-26 所示。将追加的查询名修改为"财务报表"，单击"关闭并应用"，返回 Power BI 主界面。

图 10-26 辅助表添加

◈ 步骤 3：建立偿债能力指标

在"数据"视图中，单击"新建度量值"，在公式栏中输入公式：

流动比率 =

var a = CALCULATE(SUM('财务报表'[金额]),'财务报表'[报表项目]= "流动资产合计(万元)") // a 是流动资产合计

var b = CALCULATE(SUM('财务报表'[金额]),'财务报表'[报表项目] = "流动负债合计(万元)") // b 是流动负债合计

return DIVIDE(a,b)

速动比率 =

var a = CALCULATE(SUM('财务报表'[金额]),'财务报表'[报表项目]= "流动资产合计(万元)") // a 是流动资产合计

var b = CALCULATE(SUM('财务报表'[金额]),'财务报表'[报表项目]= "流动负债合计(万元)") // b 是流动负债合计

var c = CALCULATE(SUM('财务报表'[金额]),'财务报表'[报表项目] = "存货(万元)") // c 是存货合计

return DIVIDE(a-c,b)

现金比率 =

var a = CALCULATE(SUM('财务报表'[金额]),'财务报表'[报表项目] = "货币资金(万元)") // a 是货币资金合计

var b = CALCULATE(SUM('财务报表'[金额]),'财务报表'[报表项目]= "流动负债合计(万元)") // b 流动负债合计

return DIVIDE(a,b)

资产负债率 =

var a = CALCULATE(SUM('财务报表'[金额]),'财务报表'[报表项目]= "负债合计(万元)") // a 是负债合计

var b = CALCULATE(SUM('财务报表'[金额]),'财务报表'[报表项目]= "资产总计(万元)") //b是资产合计

return DIVIDE(a,b)

权益乘数 = DIVIDE(1,1-[资产负债率])

在可视化区域中选择"矩阵"视觉对象,将"年份"拖至"行",将度量值"流动比率""速动比率""现金比率""资产负债率""权益乘数"拖动至"值"。

选择可视化窗格中的"矩阵",样式设置为"差异最小",值的大小设置为"12",列标题和行标题大小设置为"12",加粗;添加矩阵的边框等。

选择可视化窗格中的"折线"视觉对象,将"年"拖动到"X轴",将"流动比率""速动比率""现金比率"拖动到"Y轴",查看折线图的变化。

单击"模型"视图,选择偿债能力指标,在属性窗格中输入文件夹的名字"偿债能力",将"偿债能力"移动至偿债能力文件夹中。主要步骤与结果如图 10-27 所示。

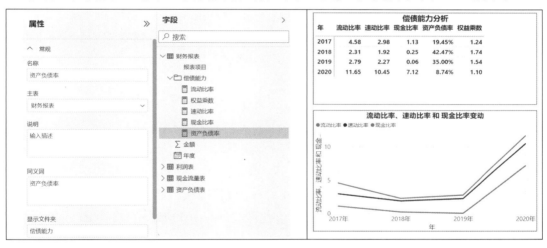

图 10-27　表单内文件夹设置与偿债能力指标展示

⊙ 步骤 4：建立营运能力指标

参照步骤 3,依次单击"新建度量值",在公式栏中输入公式：

应收账款周转率(次) =

var a = CALCULATE(SUM('财务报表'[金额]),'财务报表'[报表项目]= "营业收入(万元)") // a是营业收入总计

var b = CALCULATE(SUM('财务报表'[金额]),'财务报表'[报表项目]= "应收账款(万元)") // b是应收账款总计

var c = CALCULATE(SUM('财务报表'[金额]),'财务报表'[报表项目] = "应收账款(万元)",SAMEPERIODLASTYEAR('财务报表'[年度].[Date])) // c是应收账款上一期值

return DIVIDE(a,DIVIDE(b+c,2))

存货周转率(次) =

var a = CALCULATE(SUM('财务报表'[金额]),'财务报表'[报表项目] = "营业成本(万元)") // a是营业成本总计

var b = CALCULATE(SUM('财务报表'[金额]),'财务报表'[报表项目]= "存货(万元)") // b是存货总计

var c = CALCULATE(SUM('财务报表'[金额]),'财务报表'[报表项目]= "存货(万元)",SAMEPERIODLASTYEAR('财务报表'[年度].[Date])) // c是存货总计上一期值

return DIVIDE(a,DIVIDE(b+c,2))

固定资产周转率(次)=

var a = CALCULATE(SUM('财务报表'[金额]),'财务报表'[报表项目] = "营业收入(万元)") // a是营业收入总计

var b = CALCULATE(SUM('财务报表'[金额]),'财务报表'[报表项目] = "固定资产(万元)") // b是固定资产总计

var c = CALCULATE(SUM('财务报表'[金额]),'财务报表'[报表项目] = "固定资产(万元)",SAMEPERIODLASTYEAR('财务报表'[年度].[Date])) // c是固定资产总计上一期值

return DIVIDE(a,DIVIDE(b+c,2))

总资产周转率(次)=

var a = CALCULATE(SUM('财务报表'[金额]),'财务报表'[报表项目] = "营业收入(万元)") // a是营业收入总计

var b = CALCULATE(SUM('财务报表'[金额]),'财务报表'[报表项目]= "资产总计(万元)") // b是资产总计

var c = CALCULATE(SUM('财务报表'[金额]),'财务报表'[报表项目]= "资产总计(万元)",SAMEPERIODLASTYEAR("财务报表'[年度].[Date])) // c是资产总计上一期值

return DIVIDE(a,DIVIDE(b+c,2))

在可视化区域中选择"矩阵"视觉对象,将"年份"拖至"行",将度量值"应收账款周转率(次)""存货周转率(次)""固定资产周转率(次)""总资产周转率(次)"拖至"值"。参考步骤3设置矩阵格式,并为"营运能力"设置文件夹。

⊙ **步骤5:建立盈利能力指标**

参照步骤3,依次单击"新建度量值",在公式栏中输入"营业净利率""总资产净利率""净资产收益率"计算公式:

营业净利率=

var a = CALCULATE(SUM('财务报表'[金额]),'财务报表'[报表项目]= "净利润(万元)") // a是净利润总额

var b = CALCULATE(SUM('财务报表'[金额]),'财务报表'[报表项目] = "营业收入(万元)") //b是营业收入总额

return DIVIDE(a,b)

总资产净利率 =

var a = CALCULATE(SUM('财务报表'[金额]),'财务报表'[报表项目]= "净利润(万元)") //a 是净利润总额

var b = CALCULATE(SUM('财务报表'[金额]),'财务报表'[报表项目] = "资产总计(万元)") //b 是资产总计

var c = CALCULATE(SUM('财务报表'[金额]),'财务报表'[报表项目] = "资产总计(万元)",SAMEPERIODLASTYEAR('日期表'[年度].[Date])) //c 是资产总计上一期值

return DIVIDE(a,DIVIDE(b+c,2))

净资产收益率 = [总资产净利率]*[权益乘数]

在可视化区域中选择"矩阵",将"年份"拖至"行",将度量值"营业净利率""总资产净利率""净资产收益率"拖至"值"。参考步骤 3 设置矩阵格式,并为"盈利能力"设置文件夹。

⊙ 步骤 6:建立发展能力指标

参照步骤 3,依次单击"新建度量值",在公式栏中输入"净利润增长率""主营业务收入增长率""总资产增长率""净资产增长率"计算公式:

净利润增长率 =

var a = CALCULATE(SUM('财务报表'[金额]),'财务报表'[报表项目] = "净利润(万元)") // a 是净利润总额

var b = CALCULATE(SUM('财务报表'[金额]),'财务报表'[报表项目] = "净利润(万元)",PREVIOUSYEAR('财务报表'[年度].[Date])) // b 是净利润增长率上一期值

return DIVIDE(a-b,b)

主营业务收入增长率 =

var a = CALCULATE(SUM('财务报表'[金额]),'财务报表'[报表项目] = "营业收入(万元)") // a 是营业收入总额

var b = CALCULATE(SUM('财务报表'[金额]),'财务报表'[报表项目] = "营业收入(万元)",PREVIOUSYEAR('财务报表'[年度].[Date])) // b 是营业收入总额上一期值

return DIVIDE(a-b,b)

总资产增长率 =

var a = CALCULATE(SUM('财务报表'[金额]),'财务报表'[报表项目]= "资产总计(万元)") // a 是资产总计

var b = CALCULATE(SUM('财务报表'[金额]),'财务报表'[报表项目] = "资产总计(万元)",PREVIOUSYEAR('财务报表'[年度].[Date])) // b 是资产总计上一期值

return DIVIDE(a-b,b)

净资产增长率 =

var a = CALCULATE(SUM('财务报表'[金额]),'财务报表'[报表项目] = "所有者权益

(或股东权益)合计(万元)") // a 是所有者权益总额

var b = CALCULATE(SUM('财务报表'[金额]),'财务报表'[报表项目]= "所有者权益(或股东权益)合计(万元)",PREVIOUSYEAR('财务报表'[年度].[Date])) // b 是所有者权益总额上一期值

return DIVIDE(a-b,b)

复制上一步骤盈利能力"矩阵",粘贴后将度量值"净利润增长率""主营业务收入增长率""总资产增长率""净资产增长率"拖至"值"。参考步骤 3 设置矩阵格式,并为"发展能力"设置文件夹。

步骤 3 至步骤 6 最终效果如图 10-28 所示。

			偿债能力分析						营运能力分析		
年	流动比率	速动比率	现金比率	资产负债率	权益乘数	年	存货周转率(次)	应收账款周转率(次)	固定资产周转率(次)	总资产周转率(次)
2017	4.58	2.98	1.13	19.45%	1.24	2017	0.47	1	12.31	0.3
2018	2.31	1.92	0.25	42.47%	1.74	2018	2.22	2	85.75	1.3
2019	2.79	2.27	0.06	35.00%	1.54	2019	1.30	1	68.43	0.7
2020	11.65	10.45	7.12	8.74%	1.10	2020	0.77	1	40.07	0.3

			发展能力分析					盈利能力分析	
年	净利润增长率	净资产增长率	总资产增长率	主营业务收入增长率	年	净资产收益率	总资产净利率	营业净利率
2018	-746.18%	118.94%	206.57%	1538.09%	2017	-73.63%	-59.31%	-183.36%
2019	10.20%	107.64%	83.78%	22.31%	2018	163.86%	94.27%	72.33%
2020	-20.04%	273.13%	165.76%	-2.88%	2019	74.69%	48.55%	65.17%
					2020	17.96%	16.39%	53.66%

图 10-28　单方面能力指标数据展示

⊘ 步骤 7:建立杜邦分析体系

单击"新建度量值",在公式栏中依次输入"净利润""营业收入""平均资产总额"计算公式:

净利润 = CALCULATE(SUM('财务报表'[金额]),'财务报表'[报表项目]= "净利润(万元)")

营业收入 = CALCULATE(SUM('财务报表'[金额]),'财务报表'[报表项目] = "营业收入(万元)")

平均资产总额 =

var a = CALCULATE(SUM('财务报表'[金额]),'财务报表'[报表项目]= "资产总计(万元)") // a 是资产总额

var b = CALCULATE(SUM('财务报表'[金额]),'财务报表'[报表项目] = "资产总计(万元)",SAMEPERIODLASTYEAR('财务报表'[年度].[Date])) // b 是资产总额上一期值

return DIVIDE(a+b,2)

新建报表页,单击可视化视觉对象中的"卡片图",采用复制粘贴的方法,生成

多个卡片图；依次将"净资产收益率""总资产净利率""营业净利率""总资产周转率（次）""权益乘数""资产负债率""净利润""营业收入""平均资产总额"拖至卡片图中；插入按钮，选择直线，在格式中选择旋转，调整角度，连接相关卡片图；单击可视化视觉对象中的"切片器"，将"年"字段拖动到"值"，切片器样式设置为"磁贴"；插入文本框，输入页面的标题"杜邦财务分析框架"。效果如图 10-29 所示。

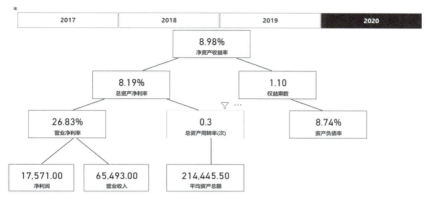

图 10-29　杜邦财务分析框架

视频 10-4（1）　视频 10-4（2）

实践演练五　盈亏平衡分析

大宇无人机重庆代理店开业，其系列产品通过维持厂家、代理商、零售商统一价格来保护成本信息。代理商利用进货折扣降低成本，利用销售扣点保证批发价低于零售价，利用进货折扣与销售扣点差保证利润空间。为制定合理的销售目标，代理商在研究固定成本的项目组成和变动成本特征的基础上确定盈亏平衡点。

一、变动成本

变动成本指总额随产量的增减而呈正比例关系变化的成本。主要包括原材料和计件工资，就单件产品而言，变动成本部分是不变的。影响变动成本的主要因素如表 10-2 所示。

表 10-2　影响变动成本的主要因素

因素	含义
商业折扣	企业为了促销而给予客户一定的折扣优惠，如 5%、10% 等
进货折扣	经销商从厂家进货时所获得的进货优惠
销售扣点	经销商支付给商场的销售金额比率
员工提成系数	业务人员的销售提成比率

二、固定成本

固定成本是指总额在一定期间和一定业务量范围内不随产量的增减而变动的成本，主要指固定资产折旧和管理费用。

影响固定成本的主要因素如表 10-3 所示。

表 10-3　影响固定成本的主要因素

因素	含义
人均固定工资	固定工资总计除以员工人数的值
水电费	每月消耗的水费和电费
月租金	每月支付的房租

代理商拟使用 Power BI 进行盈亏平衡分析，以便实时控制成本。

⊙ 步骤 1：本量利参数设置

根据前期调研的结果，影响本量利分析模型结果的参数会在以下区间变动（见表 10-4）。采用主页功能区的"建模"中的"新建参数"功能，按照表 10-4 依次建立变量。

表 10-4　需建立的变量

名称	类型	最小值	最大值	增量
销售金额	整数型	10000	1000000	10000
员工人数	整数型	5	20	1
销售扣点	十进制数字	0	0.4	0.01
商业折扣	十进制数字	0	0.5	0.01
进货折扣	十进制数字	0	0.6	0.01
员工提成系数	十进制数字	0.01	0.05	0.01
人均固定工资	整数型	5000	10000	1000
水电费	整数型	0	10000	1000
月租金	整数型	0	20000	1000
其他固定费用	整数型	0	10000	100

⊙ 步骤 2：参数设置

选择报表视图，单击建模菜单下的"新建参数"；在弹出的对话框中输入名称、数据类型、最小值、最大值、增量、默认值（这里不设置）等信息；勾选"将切片器添加到此页"；单击"创建"，系统自动设置参数生成公式、创建销售金额变动范围，并生成表单字段和切片器，如图 10-30 所示。

图 10-30　销售金额参数设置

参数标注值字体大小设置为"12"，类别标签字体大小设置为"15"，字体加粗，设置切片器边框等。

参照销售金额参数设置方法，依次设置销售金额、员工人数、销售扣点、商业折扣、进货折扣、员工提成系数、人均固定工资、水电费、月租金、其他固定费用等参数，个别参数需要调整数据类型。生成的字段和切片器如图 10-31 所示。

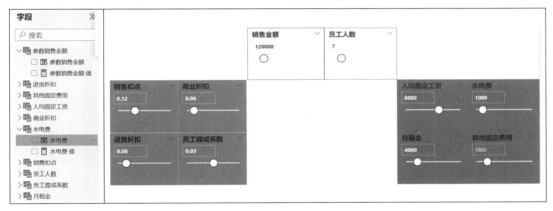

图 10-31　字段和切片器生成

参照销售金额参数切片器格式设置其他参数的格式，将变动成本的背景色设置为"#4BA98C"，固定成本背景色设置为"#BB7979"。

⊙ 步骤 3：新建度量值

单击"新建度量值"，在公式栏中依次输入公式：

固定成本 = [人均固定工资 值]*[员工人数 值]+[水电费 值]+[月租金 值]+[其他固定费用 值]

变动成本 = DIVIDE([销售金额 值],1-[商业折扣 值])*(1-[进货折扣 值])+[销售金额值]*[员工提成系数 值]+[销售金额 值]*[销售扣点 值]

总成本 = [固定成本]+[变动成本]

利润 = [销售金额 值] - [总成本]

利润率 = [利润]/[销售金额 值]

盈亏平衡销售额 = DIVIDE([固定成本],1-[销售扣点 值]-[员工提成系数 值]-DIVIDE(1-[进货折扣 值],1-[商业折扣 值]))

为生成的度量值设置卡片图，将度量值拖动到卡片图字段中。

调整各度量值卡片图与参数切片器位置，各度量值字段位置与调整效果如图 10-32 所示。

图 10-32　度量值与卡片图设置

> **步骤 4：调整布局**

插入文本框，设置页面标题，输入"盈亏平衡分析可视化"，调整卡片图位置，添加背景颜色，完成格式设置。

自主调整变动成本和固定成本数据，查看不同的成本构成下，盈亏平衡点处的销售额变化，如图 10-33 所示。

图 10-33　效果美化

视频 10-5

📋 知识总结

一、常用的数据信息网站

1.中国统计信息网

中国统计信息网作为国家统计局的官方网站，已成为社会各界获取统计数据的重要渠道。用户可根据自己的需要快速查阅详细完整的进度数据、年鉴数据、普查数据、专题数据、部门数据、国际数据等各类统计数据，如图 10-34 所示。

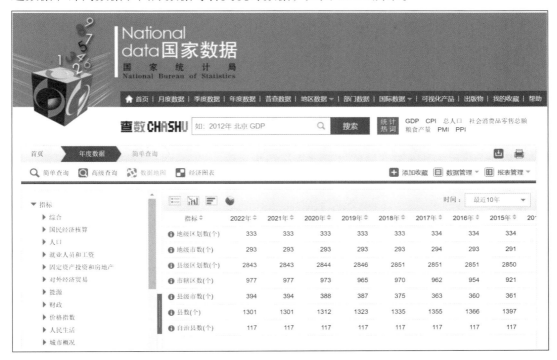

图 10-34　中国统计信息网数据信息页

2.上海证券交易所和深圳证券交易所网站

上海证券交易所、深圳证券交易所网站上的内容主要有市场数据、行情、交易信息、上市公司公告、监管信息、政策法规、投资者教育等。如图 10-35 所示，在深圳证券交易所网站上，用户可以了解最新的市场动态，获取交易相关的实时数据，查询上市公司的详细信息和公告，了解监管部门的最新政策和法规，以及参与投资者教育活动，提高自身的投资水平和风险意识。

两个交易所的网站都注重信息的及时性和准确性，为用户提供便捷、高效的服务。同时，它们也是投资者获取证券市场信息、了解市场动态的重要渠道。

图 10-35　深圳证券交易所市场数据信息页

3.巨潮资讯网站

巨潮资讯网站是中国证券监督管理委员会指定的上市公司信息披露网站，提供中国上市公司的财务报告和其他公告，支持国内沪、深、北三个交易所上市的公司查询，如图 10-36 所示。

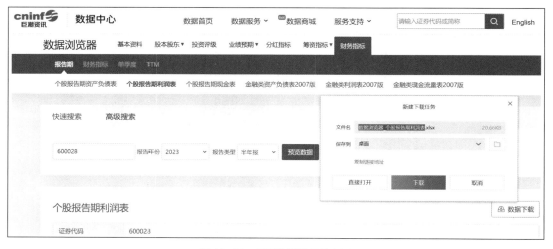

图 10-36　巨潮资讯数据信息页

4.商业财经网站

大型的商业财经网站相对较多，比如新浪财经、中财网、东方财富网等。

不同的商业财经网站在服务内容和特色上可能存在差异，但大体上都提供以下内容：实时财经新闻与资讯、数据分析与报告、财经数据查询、公司研究与财报分析、市场研究与预测、财经知识与教育、个性化信息推送等。帮助用户及时了解市场情况，使用户能够便捷地获取所需财经信息。

二、网站中的地址与参数设置

若要在这些网站上采集信息，正确识别网址是第一步。这里以提取新浪财经网站中的"黄金资讯"信息为例介绍网址信息的构成。

⊙ 步骤 1：分析地址

打开新浪财经网站，选择第一页、第二页地址，对比两页地址，可以看出两者具有一定的规律：

https://finance.sina.com.cn/roll/index.d.html?cid=57084&page=1

https://finance.sina.com.cn/roll/index.d.html?cid=57084&page=2

可以看出地址有差异的部分就是页码，在多页面数据采集中需要设置页码参数。

⊙ 步骤 2：读入数据

打开 Power BI，设置数据源为"Web"，输入第一页的地址，系统弹出导航器；查看采集到的几个表单，对比后确定表 4 就是所需提取的资讯信息，由此得到第一页目标数据；单击"转换数据"，进入 Power Query，如图 10-37 所示。

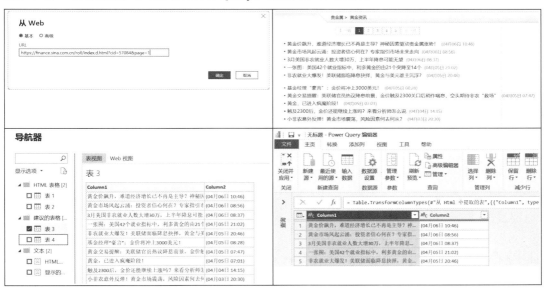

图 10-37　黄金资讯数据获取

⊙ 步骤 3：建立空查询并设置页码参数

单击新建源下的空查询，在函数编辑栏中输入"= List.Numbers(1,10,1)"，系统自动生成 1~10 的空查询；在转换菜单下单击"列表"，修改数据类型为"文本"；单击"管理参数"，设置页码参数，类型为"文本"，当前值为"1"；得到参数"页码"，如图 10-38 所示。

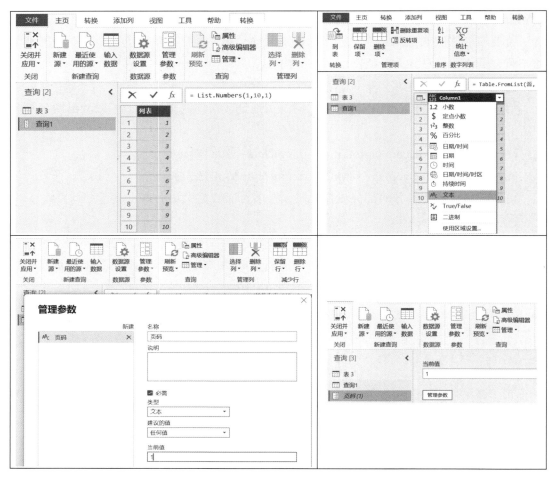

图 10-38　设置空查询，生成页码参数

⊙ **步骤 4：修改地址参数**

选择"表 3"，单击应用步骤中的"源"，在弹出的对话框中点选"高级"；修改地址，删除原地址中最后的"1"；单击 URL 中的第二个图标，选择"参数"，系统弹出"页码"（因为目前只有一个参数）框，单击"确定"。在高级地址中各个部分的组成如下：

https://finance.sina.com.cn/roll/index.d.html?cid=57084&page={页码}

主要操作步骤如图 10-39 所示。

图 10-39　高级地址修改

⊘ 步骤 5：创建函数，生成数据

修改完地址后，选中"表 1"，右击，在弹出的菜单中单击"创建函数"；输入函数的名字"多页面数据采集"；选择"查询 1"，单击添加列菜单下的"调用自定义函数"；在弹出的对话框中选择刚设置的函数名"多页面数据采集"，默认页码选择"Cloumn1"列数据（因为只有一列数据），单击"确定"，系统生成数据；单击"多页面数据采集"列后面的"⊞"图标，Table 中的数据展开；Cloumn1 下的"10"，代表从第 10 页采集到的数据。关键步骤如图 10-40 所示。

这里只是介绍网页地址的识别与数据的爬取，后期的数据清洗、建模、可视化不再赘述。

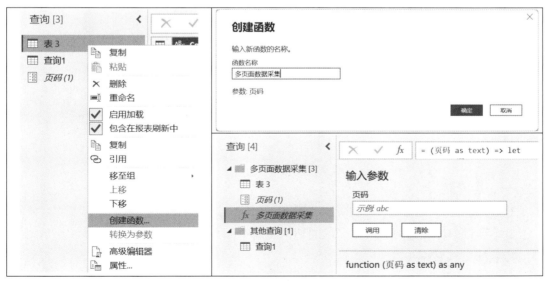

图 10-40　函数创建与页面数据采集

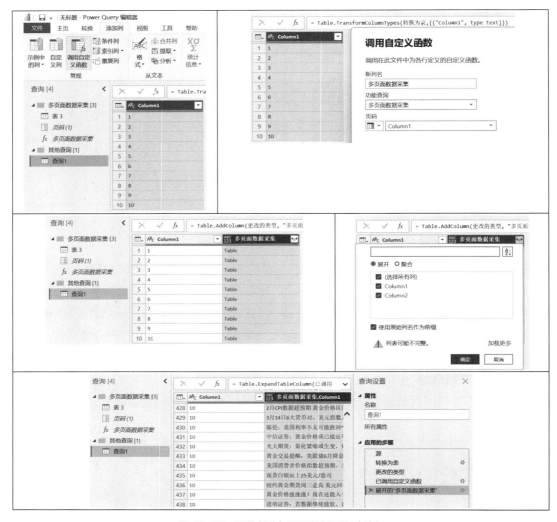

图 10-40　函数创建与页面数据采集（续）

🏆 技能强化

一、思考题

1.举例说明可视化对象"表"和"矩阵"条件格式设置的思路。

2.本项目中，度量值"应收账款周转率（次）"的设置如下：

应收账款周转率（次）=

VAR A=【营业收入】

VAR B=CALCULATE(SUM('资产负债表'[金额]),'资产负债表'[报表项目]="应收
账款")

RETURN DIVIDE(A,B)

（1）解释该度量值的含义。

（2）若不定义变量A和B，则度量值"应收账款周转率（次）"应如何表达？

二、实训题

1. 从新浪财经网站上下载一家医药公司（比如，新浪财经股票数据中心的康缘药业）的财务数据，进行财务数据分析与可视化展示。

2. 从新浪财经网站上下载5家有代表性的家电公司的财务数据，进行财务数据分析与可视化展示，并探索相关指标的行业均值。

思路提示：

（1）三大报表需要增加"公司名称"或"股票代码"字段。

（2）增加"公司"维度表，表中字段为"公司名称"和"股票代码"。

3. 请到科云大数据中心获取任意一家企业的财务报表数据，自行设计一份财务指标分析与可视化报表。

要求：报表内容反映企业的偿债能力、营运能力、盈利能力、发展能力，报表整体布局美观得体。

项目十技能强化

参考文献

[1] 费拉里, 科鲁索. Power BI权威指南[M]. 刘钰, 潘丽萍, 译. 北京: 电子工业出版社, 2019.

[2] 胡永胜. Power BI商业数据分析[M]. 北京: 人民邮电出版社, 2021.

[3] 牛永芹, 喻竹, 钭志斌, 等. 智能数据分析基础与应用[M]. 北京: 高等教育出版社, 2020.

[4] 潘强, 张良均. Power BI数据分析与可视化[M]. 北京: 人民邮电出版社, 2020.

[5] 王国平. Microsoft Power BI数据可视化与数据分析[M]. 北京: 电子工业出版社, 2018.

[6] 张立军, 李琼, 侯小坤. 大数据财务分析[M]. 北京: 人民邮电出版社, 2022.